中央高校基本科研业务费专项资金资助 项目编号：0101-ZK1031
Supported by the Fundamental Research Funds for the Central Universities

CHINA IN MEDIA:
MEDIA DISCOURSE NARRATION OF MODERNITY

媒介中国
——现代性的媒介话语叙事

史冬冬 著

厦门大学出版社 国家一级出版社
XIAMEN UNIVERSITY PRESS 全国百佳图书出版单位

图书在版编目(CIP)数据

媒介中国:现代性的媒介话语叙事/史冬冬著.—厦门:厦门大学出版社,2017.12
(校长基金丛书)
ISBN 978-7-5615-6787-6

Ⅰ.①媒⋯　Ⅱ.①史⋯　Ⅲ.①传播媒介-中国-文集　Ⅳ.①G219.2-53

中国版本图书馆 CIP 数据核字(2017)第 292519 号

出 版 人	蒋东明
责任编辑	刘　璐　王鹭鹏
封面设计	李夏凌
美术编辑	李嘉彬
技术编辑	朱　楷

出版发行　**厦门大学出版社**

社　　址	厦门市软件园二期望海路 39 号
邮政编码	361008
总 编 办	0592-2182177　0592-2181406(传真)
营销中心	0592-2184458　0592-2181365
网　　址	http://www.xmupress.com
邮　　箱	xmup@xmupress.com
印　　刷	厦门集大印刷厂

开本	720mm×970mm　1/16
印张	10.75
插页	2
字数	188 千字
版次	2017 年 12 月第 1 版
印次	2017 年 12 月第 1 次印刷
定价	40.00 元

本书如有印装质量问题请直接寄承印厂调换

厦门大学出版社
微信二维码

厦门大学出版社
微博二维码

目 录

"图""像"之辨——兼论视觉文化研究的流变　/ 1

《毛以后的中国 1976—1983》:刘香成的影像中国叙事　/ 28

视觉化的"中国梦":刘香成与后毛泽东时代的影像中国　/ 52

"中国性"与东方学:马克·吕布的影像中国叙事　/ 76

中国式的现代性
　　——《南方周末》新年献词话语研究　/ 109

游走于"国"与"家"之间:春晚叙事话语的复调与悖论　/ 121

微言大义:作为后现代叙事新典范的微博　/ 139

理念·价值·文化:中国国家形象片的反思性研究　/ 153

后记　/ 168

"图""像"之辨——兼论视觉文化研究的流变

一、"图""像"之异

在中国传统儒家的语言理论中,一个基本假设是"书不尽言,言不尽意"①;与孔子的观点类似,《庄子·天道》中轮扁与齐桓公讨论斫轮之"有数存焉于其间",然而却无法将此中技艺之精妙传诸后世,进而推广开来,无论自然万物还是社会人事,都不尽能一语道破或一目了然,如古人所谓"天下之赜"就不易拟诸形容,无法用语言文字表达其精奥,因此老子才说"道可道,非常道;名可名,非常名"。这些都意在说明"世之所贵道者书也,书不过语,语有贵也。语之所贵者意也,意有所随。意之所随者,不可言传也"②,从而在古代思想史上提出了一个关于言意之辨的重要命题。"然则圣人之意,其不可见乎?"孔子为了解决两者之间的差异和张力,提出了一个"象"的概念:"圣人立象以尽意,设卦以尽情伪,系辞焉以尽其言"③,即通过"象"来探究和穷尽意义。从"圣人立象"到"象以尽意"这一由外而内的过程,"象"既包容了外在观察思维对象的具体因素,又兼具观察思维主体的主观旨趣,具有完整传达客观事物的功能。三国魏时的荀粲说:

> 盖理之微者,非物象之所举也。今称立象以尽意,此非通于意外者

---

* 该文曾发表于《中华文化与传播》2016年第2期,此处稍作修改.
① 李学勤.十三经注疏·周易正义[M].北京:北京大学出版社,1999:291.
② 南华真经注疏[M].郭象,注.成玄英,疏.北京:中华书局,1998:280.
③ 李学勤.十三经注疏·周易正义[M].北京:北京大学出版社,1999:291.

也。系辞焉以尽言,此非言乎系表者也;斯则象外之意,系表之言,固蕴而不出矣。①

这讨论的就是语言表达是否尽意的问题,对此魏晋时期的哲学家王弼在《周易略例·明象》篇中为这三者提供了一个更加明确的等级关系或曰阐释模式:

> 夫象者,出意者也;言者,明象者也。尽意莫若象,尽象莫若言。言生于象,故可以寻言以观象;象生于意,故可以寻象以观意。意以象尽,象以言著。故言者所以明象,得象而忘言;象者所以存意,得意而忘象。②

这段话在作为抽象概念的"意"和具体语言表达的"言"之间,设定了一个"象"作为中介,从而形成了一个围绕语言、形象、意义三者展开的层级关系。无论后来的古人与学者对言意之辨、言象意三者之关系做何阐发,"象"都成为中国文化系统中的一个重要概念和范畴。

在《说文解字注》中,许慎解释"象"为"长鼻牙,南越大兽,三季一乳,象耳牙四足之形",即原本指出产于南越的大象这种动物。段玉裁注曰:

> 按古书多假象为像。《人部》曰:像者,似也。似者,像也。像从人象声。许书一曰指事,二曰象形。当作像形。全书凡言象某形者,其字皆当作像,而今本皆从省作象。则学者不能通矣。《周易·系辞》曰:象也者,像也。此谓古《周易》象字即像字之假借。韩非曰:人希见生象,而案其图以想其生,故诸人之所以意想者皆谓之象。似古有象无像,然像字未制以前,想像之义已起。故《周易》用象为想象之义。③

段玉裁的注解引出了"象"与"像"之间的意义延伸和内在关联。关于前者,除了大象这种原始本义之外,"象"的含义流变中必然涉及《周易·系辞》,它以"象"为其阐述《周易》古经最重要的概念范畴之一,是古人在其中较多论

---

① 陈寿.三国志·荀彧荀攸贾诩传第十[M].北京:中华书局,1971:319-320.
② 王弼.周易略例·明象[EB/OL].[2017-08-01].http://gj.zdic.net/archive.php?aid=3470.
③ 许慎.说文解字注[M].段玉裁,注.上海:上海古籍出版社,1981:821.

"图""像"之辨——兼论视觉文化研究的流变

及"象"的原始文献,其中有言"圣人设卦观象,系辞焉而明吉凶,刚柔相推而生变化。是故,吉凶者,失得之象也。悔吝者,忧虞之象也。变化者,进退之象也。刚柔者,昼夜之象也"①,"是故夫象,圣人有以见天下之赜,而拟诸其形容,象其物宜,是故谓之象"②。这里的"象"主要指天象和象征两个义项。前者如《系辞》中"仰则观象于天,俯则观法于地"③,"在天成象,在地成形,变化见矣"④,注曰"象况日月星辰,形况山川草木也"⑤,象与形相对举,比之山川草木之形的有实体可触摸,日月星辰之象目视可见,但未必切实可以把握,按照古人的说法,"见乃谓之象",意为"气渐积聚,露见萌兆,乃谓之象"⑥,说明"象"直观可见、可感而知,但未必可执,是"对一切视而可见之物的总称。如论天体,为'天象';论人体,为'心象'、'脉象'和'脏象'"⑦。而关于象征义,如《系辞》中"八卦有列,象在其中矣",《周易》古经由八卦推演出六十四卦,古人认为这是圣人仿照自然天象而创造的相似性符号,其中原理段玉裁关于"象"的注解已经说明:象也者,像也,通过相似这种内在属性建立起象征物与被象征物之间的关系,在"像"字未发明之前,古人常以"象"来指代人的想象这一主观思维活动,两者相通,后者与"图"密切相关,即韩非子所言"案其图以想其生"。因此,上述圣人所立之"象"、意以"象"尽的"象",实作为"像",其中包含今日所言之形象、肖像、图像、相似之意,这也奠定了从"象"过渡到"像"的基础。

在汉语的发展历程中,"象"由其本义"南越大兽"衍生出自然界、人或物之"形态""形状""外貌"等一系列含义,进而引申出"临摹""相似"等意义,因此分化出现了"像"字。例如在《辞源》中,"像"有"肖像"和"相似"两项重要含义,前者如《北堂书钞》九四晋华峤《后汉书·赵岐传》:"图季札、子产、晏婴、叔向四像,居宾位;自画其像居主位。"后者如《易·系辞下》:"象也者,像此者也。"疏:"言象此物之形状也。"⑧同样在《辞海》中,"像"被释为

---

① 李学勤.十三经注疏·周易正义[M].北京:北京大学出版社,1999:261-263.
② 李学勤.十三经注疏·周易正义[M].北京:北京大学出版社,1999:293.
③ 李学勤.十三经注疏·周易正义[M].北京:北京大学出版社,1999:298.
④ 李学勤.十三经注疏·周易正义[M].北京:北京大学出版社,1999:258.
⑤ 李学勤.十三经注疏·周易正义[M].北京:北京大学出版社,1999:258.
⑥ 李学勤.十三经注疏·周易正义[M].北京:北京大学出版社,1999:288.
⑦ 汪涌豪.范畴论[M].上海:复旦大学出版社,1999:473.
⑧ 商务印书馆编辑部.辞源[M].修订版.北京:商务印书馆,1998:139.

"摹写或雕塑的人物形象",以及"从物体发出的光线经过光学系统(透镜、镜、棱镜或它们的组合)后形成的与原物相似的图景。有实像和虚像之分"①。"像"字由于加了人字旁而强化了它的表意功能,在表达"案其图以想其生""意想者"之意时不再通假古之"象"字与之混用,而是表示用临摹、模仿、比照等方法制成人或物之形象等名词义,以及相似、模仿等一系列与人类活动相关的动词义。

在20世纪50年代,新中国的汉字简化方案中曾规定以"象"代"像";1964年,公布的《简化字总表》将"像"作为"象"的繁体字处理,并在脚注中注明,在"象"和"像"意义可能混淆时,"像"仍用"像";1986年,国家语言文字工作委员会重新公布《简化字总表》时又确认"像"为规范字,不再作为"象"的繁体字,但未对两字的用法作明确分工;1990年,全国科技名词委出台了"关于科技语中'象'与'像'用法的意见",其中规定,在作形状、作名词性词素构成的复合词时用"象",如"图象""录象""摄象"等;而90年代中后期几种权威性语文辞书在修订或出版时都处理为"图像""录像""摄像"等,两者的规定和实际使用存在着矛盾。可见这些不同时代的变化,使"象"与"像"的实际使用存在某种程度的混乱,时而"图象",时而"图像"。鉴于此,全国科学技术名词审定委员会和国家语言文字工作委员会于2001年10月18日在中国科学院召开了"'象'与'像'用法研讨会",并发表了《关于"象"与"像"用法研讨会会议纪要》,与会专家最终对两字的名词义及其在词语中的使用做了明确说明:"象"指自然界、人或物的形态、样子;"像"指用模仿、比照等方法制成的人或物的形象,也包括光线经反射、折射而形成的与原物相同或相似的图景。② 言至于此,可以说在现代汉语中,"像"是"象"的模仿与摹本,后者是自然性的本体与客观对象,而"像"则是对本体进行某种视觉性的精确还原,对客观对象的某种技术化再现,例如静态的照片和动态的影像,而非人为创作的图形。

与"像"密切关联的是"图",两者通常并举为"图像",但又有所不同。许慎在《说文解字》中解"图"为"画计难也",段玉裁为之注曰:

《左传》曰:咨难为谋。画计难者,谋之而苦其难也。《国语》曰:夫谋

---

① 夏征农,陈至立.辞海[M].第六版彩图本.上海:上海辞书出版社,2009:2509.
② 全国科学技术名词审定委员会,国家语言文字工作委员会."象"与"像"在名词义上的用法有新界定——关于"象"与"像"用法研讨会会议纪要[J].科技术语研究,2001(4):13-14.

必索见成事焉而后履之。谓先规画其事之始终曲折,历历可见,出于万全,而后行之也,故引伸之义谓绘画为图。①

为今人所熟悉的"图"的绘画之义实际上是从它的原始义引申而来,因此《辞源》对"图"的释义项中,除了它的原始义"计议,谋画"之外,还有动词义"绘,画"及其名词义"所绘的画",以及"地图"之义。②而《辞海》中的解释则更为明确和详尽:"用线条、颜色显示出来的事物形象。如地图;心电图。《周礼·夏官·职方氏》:'掌天下之图,以掌天下之地。'""绘画。如:画影图形。司马相如《子虚赋》:'众物居之,不可胜图。'"③简言之,"图"的核心含义是绘画为图,即通过线条、颜色等方式描摹事物的形象,重在对客观物象的变形、凝练和升华。

古代中国向以"图书"并举,有图必有书,从而形成"左图右史"的治学传统,然而古人在辑录书目时逐渐重书而废图,大部分图谱资料没能像其图解阐释的经典文字那样保存和流传下来,因此宋代郑樵在其《通志·图谱略》中力陈前人重文轻图、见书不见图之弊,他在开篇的"索象"中说:

河出图,天地有自然之象,洛出书,天地有自然之理。天地出此二物以示圣人,使百代宪章必本于此,而不可偏废者也。图,经也,书,纬也。一经一纬,相错而成文;图,植物也,书,动物也,一动一植,相须而成变化。见书不见图,闻其声不见其形;见图不见书,见其人不闻其语。图,至约也,书,至博也。即图而求易,即书而求难。古之学者为学有要,置图于左,置书于右,索象于图,索理于书,故人亦易为学,学亦易为功。举而措之,如执左契。后之学者,离图即书,尚辞务说。故人亦难为学,学亦难为功。虽平日胸中有千章万卷,及寘之行事之间,则茫茫然不知所向。④

可见,在与古人和古代社会相应的技术时代,天地自然之象主要存在于"至约"的"图"中,主要通过简约的、带有象征性的"形"的方式来再现。而作为书中抽象之"理"的对应,直观简约的图形、图绘不仅以其特有的媒介特性与方

---

① 许慎.说文解字注[M].段玉裁,注.上海:上海古籍出版社,1981:508.
② 商务印书馆编辑部.辞源[M].修订版.北京:商务印书馆,1998:314.
③ 夏征农,陈至立.辞海[M].第六版彩图本.上海:上海辞书出版社,2009:2287.
④ 郑樵.通志[M].北京:中华书局,1987:837.

式来再现宇宙万物之形与神,而且在传统社会中发挥着记录历史、传递知识、表达情感、启蒙民智等文化塑造的一系列功能。这种"绘画之精妙"甚至被作为整个西方文明的根基与普及传播来论述:

> 泰西以图画为重,不特天文地舆之学,精益求精,不差累黍,即人物器具,无不巧绘成图,使物物皆存于图,俾人人皆知是物。世但知其格致之妙,制造之精,而不知皆绘图之妙也。又设蜡人馆、博物院、电照法,以补画之所不及。所以西欧之人,见闻日广,才识日增,而华人莫与比也。①

在这里可以看到,与"像"所倾向代表的精确的现代成像技术相比,"图"在本质上主要是传统社会人工手绘的产物,具有鲜明的符号性。即便是所谓的"图像",也是强调以"图"为主,指手绘的"画像"。②

二、"图""像"之合

随着现代汉语的发展,"图"与"像"二字经常并称使用,因此所谓的"图像"也就包含了传统的手绘图形,和现代摄影技术产生以来由各种成像技术产生的摄影和摄像作品,有时甚至不再对两者做细致的区分。然而值得注意的是,无论是分而论之的"图"和"像",还是合并而称的"图像",均是一种完整和独立的意义表征,一幅"图"或"像"包含了最基本的单位或元素,如母题、意象、主体、结构以及与之相关联的诸多符号等,围绕某一特定主题形成一种自足的意义生产和表达过程,因此才能够在历史叙事中承担着信息记录、情境再现、知识传播、民智启蒙等社会功能。

古代中国左图右书、并举而互补的传统,虽然在历史流变中逐渐出现了重文而轻图、见书不见图之弊,使图像的传播力度大打折扣,若与西方的图式文化传播相比更是如此,但是自从19世纪后半期的近代中国,随着大众报刊的勃兴和印刷技术的支持,"图"与"像"在晚清繁荣一时的画报中得到了一定程度的延续和复兴,如中国最早的本土画报《点石斋画报》,融合中西绘画的方式

---

① 论画报可以启蒙[N].申报,1898-08-29.
② 商务印书馆编辑部.辞源[M].修订版.北京:商务印书馆,1998:315.

"图""像"之辨——兼论视觉文化研究的流变

"选择新闻中可嘉可惊之事,绘制成图,并附事略",形成图文并茂、雅俗共赏的"画报"体式,生动形象地反映了晚清西学东渐背景下中国社会的世间百态和奇闻趣事。另外,1898年《申报》上曾刊发了一篇文章《论画报可以启蒙》,文中重申古人图书并举的治学传统,并以此为基申明本报馆印行画报之理由:

> 古人之为学也,必左图而右史。诚以学也者,不博览古今之书籍,不足以扩一己之才;不详考古今之图画,不足以证书籍之精详。书与画,固相须而成,不能偏废者也。
>
> 本馆印行画报,非徒以笔墨供人玩好,盖寓果报于书画,借书画为劝惩;其事信而有征,其文浅而易晓。故士夫可读也,下而贩夫牧竖,亦可助科头跣足倾谈;男子可观也,内而蠔首娥眉,自必添妆罢针余之雅谑。①

这两段话中至少包含了两个议题,一是图与文各有所长,相须而成,不可偏废;二是借助图形、绘画这种直观易懂的符号语言,晚清画报上至士大夫精英,下至识字不多的贩夫走卒,不论男女,均可一观,"宜家置一编,塾置一册",相比于《新民丛报》《民报》高调的文字宏论而言,画报的内容形式更贴近普通百姓的日常生活,"不特士夫宜阅,商贾亦何不可阅?不特乡愚宜阅,妇女亦何不可阅"②,因此陈平原教授称之为"低调启蒙"③。这两个议题也成为20世纪进入所谓的"读图时代"之后经常被学术界议论和探讨的话题。

陈平原教授在以图像解说晚清社会时,曾比较性地讨论文字与图像两种媒介形式之长短:

> 对于晚清社会历史的叙述,最主要的手段,莫过于文字、图像与实物。这三者均非自然呈现,都有赖于整理者的鉴别、选择与诠释。这里暂时搁置真伪、虚实、雅俗之类的辨析,但就表现力立论:文字最具深度感,实物长于直观性,图像的优势,则在这两者之间。可一旦走出博物馆,实物只

---

① 论画报可以启蒙[N].申报,1898-08-29.
② 论画报可以启蒙[N].申报,1898-08-29.
③ 李苑."晚清",为何需要"图像"——对话《图像晚清:〈点石斋画报〉之外》作者陈平原[N].光明日报,2014-12-05(12).

能以图像的形式面对读者。这时候,对晚清的描述,便只剩下文字与图像之争了。①

撤去这里具体的讨论对象晚清不谈,针对任何一个历史时期,图像在再现即时历史场景中所具有的作用远胜于文字,即"以图证史",它所特有的视觉效果无疑更加形象地将动态复杂的历史对象或事实予以"定格",无须过多的文字解释即可将观者带入特定的历史场景和时代,不仅直观,而且是全息性的,即机体的每一个局部都是整体的一个微缩,蕴含着整个机体物象的全部信息,一幅图像就像是社会机体的一个切片,包含着有关这一社会的大量信息,正是如此才保证了图像对社会形态及其历史变迁的记录功能,因此不仅图像"如同文本和口述证词一样,也是历史证据的一种重要形式。它们记载了目击者所看到的行动",而且让"我们与图像面对而立,将会使我们直面历史","可以让我们更加生动地'想象'过去"。② 如《上海开埠早期时事画》正是一部以当时图像展现上海开埠早期历史的读本,为后来的观者生动再现了上海近代社会变迁的历史景象。因而图像所具有的内在性叙述也比直白的文字更丰富而形象,甚至于到了全面媒体化的当代社会,无论是报纸、电视等传统媒体,还是以互联网为平台的诸多新媒体,图像已成为它们最重要的叙事证据,即"媒体需要图像"③。

三、"图像"之变

在经历了20世纪文化上的"图像转向"之后,所谓"读图时代"或曰"视像时代"的图像与文字之争进入了一个更加激烈的阶段,图像正在危及文字作为主导型媒介的地位,甚至于逐渐代替文字成为最重要的媒介语言,与此同时,在技术革新和观念变迁的互动作用下,在图像内部也发生着某些微妙的变化。

一方面,在当代图像生产和阅读的实践层面上,无论是传统的大众传媒如报纸杂志,开始呈现一种图像化的转型趋势,还是新媒体以更加强大的视觉方

---

① 陈平原."图像"解说"晚清"[J].开放时代,2001(5):56-65.
② 彼得·伯克.图像证史[M].杨豫,译.北京:北京大学出版社,2008:9.
③ 理查德·豪厄尔斯.视觉文化[M].葛红兵,等译.南京:译林出版社,2014:4.

"图""像"之辨——兼论视觉文化研究的流变

式和视像信息流展开新闻叙事和社交行为,更不用说摄影、影视等以图像为本体论的媒介形态,从某种意义上说,各类图像的爆发式增长对文字的挤压导致后者丧失长期占据的主导地位,逐步沦为前者的辅助性说明,在此过程中图像的话语"霸权"正在确立,"取得文化主因(the dominant)的地位",这使得传统的"商品拜物教"在"读图时代"已演变为新的"图像拜物教"。① 对此已有学者和相关研究做出不少论述,虽然在某些观点上并非完全一致,但在图像转向及其与文字的博弈中取得的重要地位方面并无异议,因此笔者不再赘述。

值得注意的是另一方面的问题:所谓"读图时代"或曰"视像时代"的"图"与"像",其本身借助不断更新的技术支持,在后现代社会的消费主义文化语境下,发生着前所未有的微妙变化,已非全然上文分析中的传统含义。

"读图时代"中"图"的概念是混杂的,事实上是包含了"图像"与"图片"两个概念。传统意义上的图像是表意的,通过有限的美学形式表达无限的意味。它包含着一套有序的符码组合与编码结构,具有独立性、完整性、自足性和系统性的特征,是有意识的符号集合,或曰一种完整而自足的意义表征形态,包含了某种特定意义(象征、隐喻等),有独立意义的传播功能,因此具有图像学、阐释学和叙事学的功能,能够在可被阐释的情况下承担社会历史叙事的功能,简言之就是有意味的图像。中国古代"左图右史"的治学方法与传统即建基于此,又如海德格尔对梵高画作《农鞋》的解读,在海德格尔看来,一双普通的农鞋即凝聚着大地的每一次敞开和闭合,甚至它本身就代表着全部世界及其真理,此种意味深长,具有阐释学的深度。此外,一些折射了历史、文化、民族、社会等价值的具有可阐释性、叙事性的影视作品,也因此可作为图像来做相应的历史学、文化学、民族学和社会学层面的分析与阐释。

相比之下,所谓"读图时代"之"图",与其说是传统意义上的"图像",不如说是消费主义意识形态主导下的"图片",具有强烈的后现代性质,它多是一种后现代主义大众文化的产物,其特征即是浮躁、肤浅、无深度、游戏性、最大限度的碎片化。"碎片化"是"图"的总体特征,因此这种"图"可称之为"图片",但却不具备"图像"的内涵与素质。② 前者是后现代社会背景下文化工业的产物,具有强烈的浅层化、即时性、拼贴性、非历史性和娱乐性特征,是若干符号的拼贴与集合,在文化工业的逻辑主导之下,源源不断被视觉机器生产和复制

---

① 周宪."读图时代"的图文"战争"[J].文学评论,2005(6):136-144.
② 李倍雷.视觉文化:图与图像[J].艺术百家,2013(4):119-122.

出来的图片,不再需要独立自足的意义结构,而是作为对社会与生活某一碎片化内容的即时性复制。换言之,海量涌现的图片只是在时间过程中截取的碎片化的瞬间片段,是非独立性、非自足性和非系统性的时间断片,并不孕育整个时间或事件过程,其精神和情感内涵也是散碎的,在意义表达中,它不再考虑图像叙事的完整结构,没有系统的编码解码体系,缺乏内在特定的社会历史含义,因此也无叙述性,不具有图像学和阐释学的意义,因此不能用阐释学或符号学进行深度的意义发掘,在詹姆逊看来,安迪·瓦侯(Andy Warhol)的画作《钻石灰尘鞋》就是典型的一例,它"似乎什么也没有表现,'表述'这一概念并不适用于这类画"[1],"它真的什么也没有对我们说"[2],"无法在瓦侯这儿完成解释学的示意动作(hermeneutic gesture),无法将这些残剩之物恢复到那一完整的、包含着它们的和曾经存在过的语境中去,如舞厅和舞会,如乘喷气式飞机的旅行时尚或光艳杂志之类的世界"[3]。正如生活片断本身的转瞬即逝一样,作为对该生活瞬间的随性复制,这些碎片化的图片同样转瞬即逝,它们的目的在于满足即时性的感官快感与欲望消费。在这种快餐式的视觉消费过程之中和之后,它们缺乏,或者说不需要传统图像所蕴含的严肃的社会价值和深刻的历史内涵。正是在这种意义上,人们才感受到读图越来越简单与扁平化,读图时代从整体上是一种快餐式的图片消费时代,被阅读的图片趋于浅薄与平面化。正如詹姆逊所言,"在盛期现代主义运动与后现代主义运动之间,在梵高的鞋子与安迪·瓦侯的鞋子之间存在着……重要的区别。其中首要的和最显著的是出现了一个新的平面感或无深度感,一种新的在最严格字面意义上的浅表化,这或许是所有后现代主义流派决定性的形式特征"[4]。

从以上的分析中不难理解,图片与图像不仅是两个不同的概念,而且其内涵也根本不同。很多情况下,图像与传统的文化史、艺术史相关,这一点后文还有论述,而图片则与后现代文化理论有关,它显现的是后现代主义大众文化

---

[1] 杰姆逊.后现代主义与文化理论[M].唐小兵,译.北京:北京大学出版社,1997:186.

[2] Fredric Jameson. Postmodernism, or, The Cultural Logic of Late Capitalism[M]. London and New York: Verso, 1991:8.

[3] Fredric Jameson. Postmodernism, or, The Cultural Logic of Late Capitalism[M]. London and New York: Verso, 1991:9.

[4] Fredric Jameson. Postmodernism, or, The Cultural Logic of Late Capitalism[M]. London and New York: Verso, 1991:9.

的诸多特征,如肤浅、碎片、拼贴、平面化、无深度、随意性、无风格、挪用与复制等。

福柯曾论证过三种话语模式的发展过程,分别是相似性模式、表征模式和自我指涉模式。在相似性模式中,话语符号基于相似性原则而指涉自然或现实,话语符号的意义是稳定的和透明的。正如一部艺术作品的价值在于它所反映的社会现实,此时的图像其价值意义也在于它所模仿的真实对象,这时的图像主要处于古典时期;表征模式的话语符号虽然不再以相似性为逻辑基础,但依然以能指和所指的象征方式再现和叙述现实世界,此时处于现代工业阶段的图像依然与真实、真理保持某种联系。上述传统意义上的图像,包括绘画、摄影、电影、电视等,即属于这两种话语模式。例如"电影和摄影就创造一种全新的、与现实的直接联系,以至于我们乐于承认从形象看到的是'真实'。一张照片所显示的某物必定是摄影机镜头前某一点确实存在过的"[1]。然而随着电子技术、数字影像乃至当代虚拟技术的出现,这种与现实的密切关系被打破和超越了,进入到了第三种自我指涉模式。在这一模式阶段,话语符号与现实之间的联系发生了断裂,符号内部能指与所指之间的稳定性与透明性被不确定性所代替,符号不再指向外在世界,它的价值在于其自身的意义,即自我指涉,"词所要讲述的只是自身,词所要做的只是在自己的存在中闪烁"[2]。就图像而言,上述作为后现代主义大众文化产物的"图片"就属于这种模式,或者称之为"技术性图像"(technical image)[3]。得益于电脑与数字影像技术,这些技术性图像的生产已不需要现实的来源,传统图像对现实的模仿或再现关系消解在图像的自我生产与意义指涉中,换言之,"一个数位设计或由电脑所创造出的影像,能够具有无限的可操作性,它的后端(back-end)本质是储存于电脑记忆体中的复杂程式功能,并非是对一个现实指涉的机械式再现……做为电脑的网状建模与贴图本质之影像,并不存在电影的现实指涉寄出,而数位影像技术则是在幻觉性的过程中营造出一种真实的效果,以致在真实与非真实之间的界限日益模糊;同时,也让我们在面对数位影像时,对电影写实主义

---

[1] 尼古拉·米尔佐夫.什么是视觉文化?[C]//陶东风,金元浦,高丙中.文化研究:第3辑.天津:天津社会科学院出版社,2002:1-12.

[2] 福柯.词与物——人文科学考古学[M].莫伟明,译.上海:三联书店,2001:393.

[3] 邱志勇.视觉性的超越与语艺的复访:数位时代视觉语艺的初探性研究[J].中华传播学刊,2014(26):107-136.

的概念开始产生犹疑"①。"今天的电影或照片中的形象不再指向现实世界,因为众所周知,它可能是由电脑在不被人觉察的情况下制作出来的。"②当然最典型的就是在当代虚拟技术支持下产生的虚拟影像,后者是没有现实原本、现实指涉的凭空创造。在这种技术条件下,影像可以不再依赖现实相似性来生产,而是依赖影像本身自主的逻辑原则来制造,因此它们能够超越日常生活的真实性原则,其所建构的虚拟世界与真实世界无涉,但又比现实世界更加真实,这也就是博德里亚尔指称的"仿真"与"拟象"。它们在现实中毫无根据和所指,而是自我建构与自我表征,以虚拟代替真实,甚至于消解虚拟与真实的二元对立,从而造成"表征的危机"。博德里亚尔在《完美的罪行》中就对虚拟技术及其带来的虚拟现实进行了批判性论述,他认为,虚拟技术正在发展为"完美的罪行",它造就虚拟的社会现实,使客体、个人和情境都成为一种虚拟的制成品,影像不再能让人想象现实,因为它就是现实。影像也不再能让人幻想实在的东西,因为它就是其虚拟的实在,③例如以魔幻或科幻为题材特征的好莱坞影片《魔戒》《阿凡达》《魔兽》等,虚拟的电子游戏、超级真实的童话世界"迪斯尼乐园"等,这些影像不仅与现实无涉,从传统的符号相似性发展到当代的符号自指性,而获得某种自足性,独立建构了一个逻辑自主的虚幻世界,而且已远远超越了传统图像的本质与范畴,改变了图像与现实世界的关系,建构了一系列所谓"超现实"的视觉幻象和虚拟世界,"一个宇宙论的视觉幻像"④,这种视觉幻象逐渐瓦解和代替了传统真实及其观念,后者已经在拟像中消失。例如在博德里亚尔看来,迪斯尼乐园就是一个典型的拟像,其中不仅包括王子、公主、魔鬼、海盗等各种想象的形象,而且通过迷人的童话故事建构了一个自成逻辑的虚幻的真实世界,即所谓的"超真实",其后果便是,"迪斯尼乐园瓦解了传统的真实观念,把迪斯尼乐园式的真实灌输到美国人的心目中。迪斯尼就是真实的美国,而美国则需要成为迪斯尼乐园才可能成为真实"⑤。毫无疑问,这些质变使当代图像的内涵与外延也进入到一种全新的形态和阶段。

---

① 邱志勇.视觉性的超越与语艺的复访:数位时代视觉语艺的初探性研究[J].中华传播学刊,2014(26):107-136.
② 尼古拉·米尔佐夫.什么是视觉文化?[C]//陶东风,金元浦,高丙中.文化研究:第3辑.天津:天津社会科学院出版社,2002:1-12.
③ 让·博德里亚尔.完美的罪行[M].王为民,译.北京:商务印书馆,2000:8.
④ Sean Cubitt. Simulation and Social Theory[M]. London:Sage,2001:85.
⑤ 戴阿宝.拟像[C]//汪民安.文化研究关键词.南京:江苏人民出版社,2007:215-217.

为了方便起见,有时我们依然将传统的图像和当代的图片统称为"图像",只是在不同的语境下这一概念有不同的含义侧重。这一方面说明当代的"图像"从内容到形式变得异常复杂与多元,另一方面也暗示着这些纷繁的图像已经成为当代社会一种重要的影响性力量。对于后者,当代法国思想家与理论家居伊·德波(Guy Debord)在对当代资本主义社会做批判性的研究时揭示得异常深刻。他在1967年出版的代表作《景观社会》中开篇即指出:"在现代生产条件无所不在的社会,生活本身展现为景观的庞大堆积。直接存在的一切全都转化为一个表象。"①德波所谓的"景观"和"表象"归根结底即是图像,当代资本主义社会早已超越了它早期的物质生产阶段,进入一个以图像生产与消费为特质的景观阶段,马克思在其所处的工业资本主义时代批判的经济拜物教,到了当代资本主义阶段转变为一种图像的拜物教,社会与生活的每一个领域和细节通过技术性媒介而都被视觉化了,即"当代社会存在的主导型本质主要体现为一种被展现的图景性"②,如此一来,当代的图像表现形式诸如报纸、杂志、电影、电视、广告、网络视频、虚拟现实等不仅具有传统的信息传播与再现功能,而且像政治和经济力量一样,它也成为当代社会生活中一种建构性的物质力量,参与现实世界从个体到族群的历史记忆、社会经验、日常信念、思想价值乃至深层次欲望等意识形态的建构、折射与重塑。此外,与这种当代图像的复杂性和建构性共存的是,与传统意义上的图像以个人性和个性化的创作为主不同,当代图像更多的是一种以机械化和数字化为代表的技术生产的视觉产物,也即当代的视觉文化是基于现代工业文明与后工业文明的结果,正如安妮·弗莱伯格(Anne Friedberg)所描述的技术变迁:

> 19世纪,各种各样的器械拓展了"视觉的领域",并将视觉经验变成商品。由于印刷物的广泛传播,新的报刊形式出现了;由于平板印刷术的引进,道密尔(Daumior)和戈兰德维尔(Grandville)等人的漫画开始萌发;由于摄影术的推广,公共和家庭的证明记录方式都被改变。电报、电话和电力加速了交流和沟通,铁路和蒸汽机车改变了距离的概念,而新的视觉文化——摄影术、广告和的橱窗——重塑着人们的记忆和经验。不

---

① 居伊·德波.景观社会[M].王昭凤,译.南京:南京大学出版社,2006:3.
② 张一兵.代序译:德波和他的《景观社会》[M]//居伊·德波.景观社会.王昭凤,译.南京:南京大学出版社,2006:1-38.

管是"视觉的狂热"还是"景象的堆积",日常生活已经被"社会的影像增殖"改变了。①

除了德波关于景观社会的开创性论述之外,他的学生博德里亚尔的"拟像"同样也是"社会的影像增值"在当代社会的典型表征,上文已有论述。

总体而言,图像这一概念范畴自人类早期发展到传统社会,再至现代与后现代社会,其内涵与外延随着媒介技术的变迁与革命而不断变化拓展,从手工到复制,时至当代社会的"景观"和"拟像",已经是一个被高度视觉机器编码的技术性产物,这也正应了海德格尔早在1938年所指出的"通过与中世纪的和古代的世界图像相区别,我们描绘出现代的世界图像……从本质上来看,世界图像并非意指一幅关于世界的图像,而是指世界被把握为图像了"②,这种"被把握"即是一个技术视觉化的过程,整个当代世界及其日常生活的呈现与认知方式,主要通过图像的技术性生产、传播与消费来实现。在海德格尔看来,这种通过技术而视觉化的过程,正是"现代的世界图像"与"中世纪的和古代的世界图像"的区别,是现代世界的本质。

四、视觉文化研究的流变

视觉文化并非近现代社会的产物,原始社会洞穴中的岩画成为其最初的图像文本。随后在相当长的历史时期内,绘画、雕塑、建筑等经典艺术史中的视觉形象构成了传统视觉文化的主要内容。20世纪之后,随着现代媒介技术的不断革新与层层突破,作为技术生产与传播结果之一的图像范畴也随之不断扩展,从而开启了一个现代视觉图像文化的进程;首先是照相术的发明推动了现代视觉文化的第一次浪潮;其次电影的发明形成了第二次浪潮;再次由于电视的普及而形成了影像的第三次民主化浪潮;到了当下,借助于互联网、新媒体、数字技术、全息投影和虚拟现实等媒介平台与技术生产的图片集、影像流、3D影像和虚拟影像等,则重构了传统视觉文化的文本范畴,呈现出新型视觉文化的狂欢景观。基于这一系列重大的视觉媒介技术革命,人的观看与认

---

① 安妮·弗莱伯格.移动和虚拟的现代性凝视:流浪汉/流浪女[C]//罗岗,顾铮.视觉文化读本.桂林:广西师范大学出版社,2003:327-328.

② 海德格尔.林中路[M].孙周兴,译.上海:上海译文出版社,2008:77-78.

"图""像"之辨——兼论视觉文化研究的流变

知世界的方式被不断改变,促成了20世纪后半叶世界范围内在文化上的"视觉转向",米歇尔称之为"图像转向"。为什么这种转向发生在20世纪后半叶的"后现代"时代直至当下?在米歇尔看来,这里遭遇到一个悖论:一方面,影像技术以前所未有的力量开发了视觉类像和幻象的新形式,另一方面却是对形象的恐惧,担心"形象的力量"最终捣毁它们的造物主和操控者的焦虑。[①]然而无论如何,这种正在进行中的"视觉转向"或曰"图像转向"趋势,所生成的新型视觉文化不仅极大扩展了视觉文化研究的对象范畴,并且打破原有的学科界限,开辟了新的批评方式和解释途径,从整体上改变了该领域从传统到现代的研究取向和路径,从而带来了现代视觉文化研究的兴起。

首先在研究对象上,约翰·伯格(John Berger)在其名著《观看之道》开篇即说,"观看先于言语",其内涵之一便是,"正是观看确立了我们在周围世界的地位"[②],这里的"观看"不仅包含了作为生物学意义上的视觉感知行为与能力,更重要的是强调观看的社会文化功能,因为"尽管视觉是自然的赐予,但是我们看事物、看世界的方式都被彻底文化化了"[③],在这种社会性与文化性的观看当中,绘画、雕塑、建筑等传统的视觉艺术门类占据了重要内容,虽然文字也可用来观看,但观看更着重于通过光线、色彩、线条、造型等视觉形象来欣赏的审美艺术,因此赫伯特·里德(Herbert Read)在《现代绘画简史》的导言中声称,"整个艺术史是一部关于视觉方式的历史,关于人类观看世界所采用的各种不同方法的历史"[④],也即是说,这一视觉观看主要针对的是具有直观形象性与审美性的图像,也即传统的视觉艺术。

其次,以上述视觉艺术文本为主要研究对象,传统的视觉文化研究主要围绕"看什么"的问题而展开,意在解读和领会诸种图像包含的历史内涵、社会意义与文化精神。例如传统艺术史关注那些最伟大的美术绘画作品,研究其中包含的艺术主题、意义以及背后的技巧与理念,这种研究的典型模式形成了"图像学"(iconology)。其代表性学者是欧文·帕诺夫斯基(Erwin Panofsky),他于1939年出版的《图像学研究》(*Studies in Iconology*)在这一

---

① W. J. T. 米歇尔. 图像理论[M]. 陈永国, 胡文征, 译. 北京:北京大学出版社, 2006:6.
② 约翰·伯格. 观看之道[M]. 戴行钺, 译. 桂林:广西师范大学出版社, 2005:1.
③ 阿雷恩·鲍尔德温, 等. 文化研究导论[M]. 陶东风, 等译. 北京:高等教育出版社, 2004:373.
④ 赫伯特·里德. 现代绘画简史[M]. 刘萍君, 等译. 上海:上海人民美术出版社, 1979:5.

学科中影响深远。该书大量研究了自欧洲文艺复兴以来的绘画范例,分析这些视觉艺术作品的主题和意义,并从这些分析中抽象出了一个有逻辑性的文本意义系统,从而形成了图像学分析的一套理论与方法。帕诺夫斯基认为视觉艺术作品包含三个层面的意义①:第一个层面叫作"初级"或"自然"层面,它又依次分为"事实"和"表达"两个部分,理解初级层面的意义不需要任何特定的文化、习俗和艺术史的知识,而只需将日常生活的经验带入其中即可理解,即所见即所得,因此来自不同文化背景的观者在这一层面对图像作品的理解并无多大差异。第二个层面是图像学真正开始起作用的地方。为了了解第二个层面的意义,观者必须了解其中运用的意义表达机制,将相关的历史、文学、艺术、宗教等知识引入其中,如此才能分辨出随意的一顿晚餐和"最后的晚餐"之间的区别,这一层面表达了作品深层次的社会历史文化主题及其符号意义。第三个层面是帕诺夫斯基所说的文本的本质内容与意义,这个层面不再局限于文本本身,超越了作者有意识的创作行为,对国家、时代、阶级、宗教或哲学信仰的基本态度——被无意识地透露出来并压缩在作品里,"对视觉文本内容的严密分析能从文本自身揭示出意想不到的意义"②,即洞察了整个社会更深层次的时代精神与文化价值,这穿透性的第三个层面才是图像学的"最终目标"。又如当代英国文化社会学家理查德·豪厄尔斯(Richard Howells)的代表性论著《视觉文化》,作者在"理论"部分介绍了图像学、形式、艺术史、意识形态、符号学、解释学等六种理论方法,作为视觉文本分析的不同路径与策略;而在"媒介"部分,则以上述六种的视觉文化基本理论去实际分析视觉艺术的具体媒介形态,包括美术、摄影、电影、电视和新媒体。尽管这些基本理论方法的视角及其实际分析各有侧重,但主要就视觉文本从题材内容到形式主义,及其所生成的从表面意义到深层意义而展开,整体上属于对视觉文本与现象的形式及其意义的审美分析。总而言之,长期以来,传统视觉及其研究的对象被认为是仅与艺术创作与欣赏有关的绘画、雕塑等传统艺术门类,因此传统视觉文化研究实际上也可以理解为传统的视觉艺术及其历史的研究,从各种理论视角探讨它们的主题、意义及其形式。

20世纪70年代,美国社会学家丹尼尔·贝尔(Daniel Bell)断言,"当代文

---

① Erwin Panofsky. Studies in Iconology[M]. New York:Harper & Row,1972:3-17.
② 理查德·豪厄尔斯.视觉文化[M].葛红兵,等译.南京:译林出版社,2014:24.

化正在变成一种视觉文化,而不是一种印刷文化,这是千真万确的事实"[1]。迄今为止,基于现代工业文明的"视觉文化"正在观念和实践两个层面形成自己的一段历史,因此尼古拉·米尔佐夫(Nicholas Mirzoeff)声称"21世纪的问题是形象的问题",视觉文化问题越来越具有全球性的意义,并且参与了20世纪以来几乎所有的理论思潮,它在中西学术领域都吸引越来越多不同知识学科的学者介入。20世纪90年代,视觉文化研究作为一门学科正式成立。1999年芝加哥大学艺术史系与英文系教授米歇尔开设了北美第一个视觉文化研究课程;同一年,罗切斯特大学的艺术史系教授米歇尔·安·霍利(Michael Ann Holly)与米克·巴尔(Mieke Bal)、诺曼·布莱森(Norman Bryson)一起设立了"视觉文化研究"这一研究生专业。此时也出现了一轮有代表性的视觉文化研究成果,如诺曼·布莱森、米歇尔·安·霍利和基斯·马克赛(Keith Moxey)合编出版的两部文集《视觉理论:绘画与阐释》(*Visual Theory:Painting and Interpretation*)(1991)、《视觉文化:图像与阐释》(*Visual Culture:Images and Interpretation*)(1994)、马丁·杰伊(Martin Jay)的《低垂的眼睛:20世纪法国思想中对视觉的诋毁》(*Downcast Eyes:The Denigration of Vision in Twentieth-Century French Thought*)(1994)、米歇尔(W. J. T. Mitchell)的《图像理论》(*Picture Theory*)(1994)等。90年代中后期之后,又陆续出版了几种大型的集萃式读本,反映了视觉文化理论研究的论域、论题、构架与教学研究体式,如尼古拉·米尔佐夫的《视觉文化读本》(*The Visual Culture Reader*)(1998)、《视觉文化导论》(*An Introduction to Visual Culture*)(1999)、《观看的权力》(*The Right to Look*)(2012)、杰西卡·埃文斯(Jessica Evans)和斯图尔特·霍尔(Stuart Hall)合编的《视觉文化读本》(*Visual Culture:the Reader*)(1999)、马修·兰普利(Matthew Rampley)的《探索视觉文化》(*Exploring Visual Culture:Definitions,Concepts,Contexts*)(2005),尤其是米尔佐夫的《视觉文化读本》提供了大量丰富的研究论题和文献资料,是视觉文化研究的重要教学研究用书。中国的视觉文化研究近年来也有较大的发展,《文化研究》辑刊第三辑在国内首推视觉文化研究专题,罗岗、顾铮主编《视觉文化读本》(2003)、吴琼主编《视觉文化的奇观》(2005)、陈永国主编《视觉文化研究读本》(2009)、周宪主编《视觉文化读本》(2013),此外周宪、吴琼、曾军等学者对现当代视觉文化进行了大量理论与实际问题的研究。

---

[1] 丹尼尔·贝尔.资本主义文化矛盾[M].赵一凡,等译.北京:三联书店,1989:156.

身处20世纪后现代学术语境下的视觉文化,在当代文化的"视觉转向"或"图像转向"中,也产生了从传统到现代的重大范式转换。学者周宪分别从"从不可见到可见""从相似性到自指性""从重内容到重形式""从静观到震惊""从趋近图像到为图像所围"五个层面对现代视觉文化的范式转换做了详细阐发。① 在这种文化的"视觉转向"背景下,对视觉文化展开的学术研究及其关注的核心议题也发生了重要变化,对此国内外学者都发表了各自的观点见解。

一种观点认为,视觉性而非视觉,是现代视觉文化的核心本质。如杰西卡·埃文斯(Jessica Evans)和斯图尔特·霍尔认为:"'视觉性'是指图像和视觉意义运作的视觉领域。"② 另一学者大卫·彼特斯·科比特(David Peters Corbett)认为:"视觉性就是指在特定历史时刻的视觉建构及其通过运作而产生的意义。"③ 前者将视觉性理解为图像意义得以产生的结构场域,后者强调其作为一种意义建构的过程和建构的意义本身。如果说这两种描述主要处于微观的层面分别强调某一关节点,那么国内学者吴琼对"视觉性"的论述则更加宏观与全面,他认为,现代视觉文化研究转向了"隐藏在一切文化文本中的'视觉性',而对构成视觉性的'视觉政体'的解构和批判将是这一研究的基本任务"④,关注"视觉性"而非"视觉文本",成为现代视觉文化研究的核心对象和研究策略:

> 这一研究针对着现代和后现代时代的文化表征,以后结构主义和精神分析为主导框架,围绕着"视觉性"(visuality)的问题,对现代世界的主体构建、文化表征的运作以及视觉实践之间的关系进行分析,揭示了人类文化行为尤其是视觉文化中看与被看的辩证法,揭示了这一辩证法与现代主体的种种身份认同之间的纠葛。总之,"视觉文化研究"不是一般意义上的针对"视觉"或"视觉文化"的研究,而是一种针对"视觉性"的文化

---

① 周宪.视觉文化:从传统到现代[J].文学评论,2003(6):147-155.

② Jessica Evans,Stuart Hall. What Is Visual Culture? [C]// Jessica Evans,Stuart Hall. Visual culture:The Reader. Sage,1999:4.

③ Corbett,David Peters. The World in Paint:Modern Art and Visuality in England,1848—1914[J]. Refiguring Modernism,2004,49(3):343-346.

④ 吴琼.视觉性与视觉文化——视觉文化研究的谱系[J].文艺研究,2006(1):84-96.

研究,是对"视觉性"进行的一次后现代质疑,是对"奇观"社会作的一次后现代逆写。①

在吴琼看来,视觉性这一概念背后隐含的是西方悠久的视觉中心主义传统,和马丁·杰伊所谓的"视界政体"(scopic regime)。视觉中心主义的传统和历史可以一直追溯到古希腊自柏拉图以来在思想文化中的视觉隐喻和感官等级制中的视觉至上。看原本就是人生存的基本形态之一,在人类的思想史上,尤其是西方文化,历来赋予视觉在官能等级制中的核心地位与精神优越性,与看相关联的视觉被视为一种用于探寻真理和认知对象的高级感官,甚至作为心灵的理性之眼隐喻具有启示性或真理意义的认识。如柏拉图借蒂迈欧之口说,"视觉乃是我们最大利益的源泉……从这一源泉中,我们又获得了哲学,诸神已赐予或将赐予凡人的恩惠中没有比这更大的了"②,另亚里士多德在《形而上学》开篇即说:"求知是人类的本性。我们乐于使用我们的感觉就是一个说明;即使并无实用,人们总爱好感觉,而在诸感觉中,尤重视觉。无论我们将有所作为,或竟是无所作为,较之其他感觉,我们都特爱观看。理由是:能使我们认知事物,并显明事物之间的许多差别,此于五官之中,以得于视觉者为多。"③两人如此确立了视觉在感官等级制中的中心地位,而后者确保了人的哲学思考和精神活动的纯洁性,因而在西方哲学中形成"一种视觉在场的形而上学,一种可称之为'视觉中心主义'的传统。这一传统建立了一套以视觉性为标准的认知制度甚至价值秩序,一套用以建构从主体认知到社会控制的一系列文化规制的运作准则,形成了一个视觉性的实践与生产系统"④。而这一视觉中心主义传统也为马丁·杰伊所谓的"视界政体"奠定了基本的结构框架,后者是指在视觉中心主义的社会思维下,视客体的在场与呈现、对象的可见性为唯一可靠参照,以类推的方式将视觉中心的等级二分延伸到认知活动以外的其他领域,从而在可见与不可见、看与被看的辩证法中建立起一个严密的有关主体与客体、自我与他者、主动与受动的二分体系,并以类推的方式将

---

① 吴琼.视觉性与视觉文化——视觉文化研究的谱系[J].文艺研究,2006(1):84-96.
② 柏拉图.柏拉图全集:第3卷[M].王晓朝,译.北京:人民出版社,2003:298.
③ 亚里士多德.形而上学[M].吴寿彭,译.北京:商务印书馆,1959:1.
④ 吴琼.视觉性与视觉文化——视觉文化研究的谱系[J].文艺研究,2006(1):84-96.

这一二分体系运用于社会和文化实践领域使其建制化,成为主体建构和社会控制的重要机器。① 当代视觉文化研究的主要策略,正是要在看与被看的二元关系辩证法中质疑这种视觉中心主义的传统。米克·巴尔为了考察作为新对象的"视觉文化"是什么东西,反对在"视觉""文化"这两个概念的使用中根深蒂固的本质主义倾向,而是主张在相互的关系中重新考察这两个概念,而这种考察正是基于作为研究对象的视觉性基础上,从观看行为中包含的视觉性问题出发来探究对象的某些方面,他指出:

> 对象领域是由我们可以看到的东西构成的,或其存在是由它们的可见性激发的。这些东西具有一种特殊的"视觉性"或视觉品质,是这种视觉性或视觉品质传达了社会构成物与这些东西的互动。
>
> 我们不要定义一个所谓新建构的对象,而是从视觉性的问题出发来探究对象的某些方面。问题很简单,人们在看的时候究发生了什么事?在那一行为中出现了什么?"发生"这个动词意味着把"视觉事件"看作一个对象。"出现"这个动词意味着把它看作一种视觉形象,但却是一个稍纵即逝的、比喻的、主观的形象,会随主体的变化而变化。这两个结果——事件和经验中的形象——对于看的行为及其后果而言都是至关重要的。
>
> 视觉性不是对传统对象的性质的定义,而是看的实践在构成对象领域的任何对象中的投入:对象的历史性,对象的社会基础,对象对于其连觉分析的开放性。视觉性是展示看的行为的可能性,而不是被看的对象的物质性。正是这种可能性决定了一件人工产品能否从视觉文化研究的角度来考察。甚至"纯粹的"语言对象,如文学文本,都可以用这种方式作为视觉性加以有意义和有建设性的分析。②

归纳而言,视觉文化研究"应当包括在某一特殊文化中可能出现的视觉实践,以及视界或视觉政体(scopic or visual regimes)中。简言之,包括在所有形式的视觉性中",应当把视觉性的中心性作为一种"新"的对象,从而使视觉

---

① 吴琼.视觉性与视觉文化——视觉文化研究的谱系[J].文艺研究,2006(1):84-96.

② 米克·巴尔.视觉本质主义与视觉文化的对象[C]//吴琼.视觉文化的奇观.北京:中国人民大学出版社,2005:125-168.

文化研究与艺术史、电影研究等学科区分开来。① 国内学者周宪同样指出："作为一种文化现象，视觉性更突出地是一个当代问题。所谓当代文化的'视觉转向'或'图像转向'这类说法，标志着视觉性在当代生活中所占据的主导地位。"②因此视觉性成为视觉文化研究从传统向现代转向的一个重要标志，并成为后者的核心研究对象。

具体到什么是视觉性的问题，吴琼阐释得相对比较清楚和全面：

> "视觉性"不是指物的形象或可见性，而是海德格尔意义上的"世界的图像化"，是使物从不可见转为可见的运作的总体性，这种总体性既包括看与被看的结构关系，也包括生产看的主体的机器、体制、话语、比喻之间复杂的相互作用，还包括构成看与被看的结构场景的视觉场，总之，一切使看/被看得以可能的条件都应包含在这一总体性之内。……视觉性的研究指向的不是视觉对象本身的物质性或可见性，而是看的行为，是隐藏在看的行为中的全部结构关系或者说对象的可见性何以可能的条件。③

吴琼在这里重点强调了视觉性是作为"使物从不可见转为可见的运作的总体性"，用英国文化批评家霍普-格林赫尔（Eilean Hooper-Greenhill）的话说：

> 视觉文化研究指向的是一种视觉性的社会理论，它所关注的是这样一些问题：如是什么东西形成了可见的方面，是谁在看，如何看，认知和权力是如何相互关联。它所要考察的是作为外部形象或对象与内部思想过程之间的张力的产物的看到行为。④

而米克·巴尔则强调了"运作的总体性""可见性何以可能的条件"中作为观看主体在知识影响下的一种选择策略："知识引导和涂抹着凝视的目光，由

---

① 米克·巴尔.视觉本质主义与视觉文化的对象[C]//吴琼.视觉文化的奇观.北京：中国人民大学出版社，2005：125-168.

② 周宪.视觉文化：从传统到现代[J].文学评论，2003(6)：147-155.

③ 吴琼.视觉性与视觉文化——视觉文化研究的谱系[J].文艺研究，2006(1)：84-96.

④ Eilean Hooper-Greenhill. Museums and the Interpretation of Visual Culture[M]. London and New York：Routledge，2000：14.

此使对象的某些方面成为可见的,而使其他方面成为不可见的。而且还有另一个方面,可视性不是被看的对象的特征,它也是一种选择的实践,甚至是一种选择的策略,这一策略决定了其他方面甚至对象处于不可见状态。"①这些学者针对视觉性的论述中至少包含两重意味:其一,当谈到视觉性时,并不仅仅涉及视觉图像,更重要的是依赖于世界存在的图像化或视觉化,强调隐藏在直观视觉背后的视觉惯例与观看之道:"视觉性是展示看的行为的可能性,而不是被看的对象的物质性。正是这一可能性决定了一件人工产品能否从视觉文化研究的角度来考察。甚至'纯粹的'语言对象,如文学文本,都可以用这种方式作为视觉性加以有意义和有建设性的分析。"并且,看的行为从根本上是"不纯粹的",是负载有情感的,是认知的和理智的,因此是构建性和阐释性的,这种不纯粹的性质也可适用于其他感官活动,如听、读、品、嗅等,因而"听和读可能也有视觉性的东西介入。因此,不能把文学、声音和音乐排除在视觉文化的对象之外","视觉本身内在的是'联觉的'(synaesthetic)"②,换言之,"视觉文化研究的是现代文化和后现代文化为何如此强调视觉形式表现经验,而并非短视地只强调视觉而排除其他一切感觉"③。最早在艺术史研究中提出视觉文化概念的巴克森德尔(Michael Baxandall),他在《十五世纪意大利的绘画与经验》(Painting and Experience in Fifteenth Century Italy)一书中提出了一个影响深远的概念:"时代之眼",主张考察一个时代各种艺术与图像形式中具有稳定性的视觉惯例和知觉形式,将艺术生产与社会历史联系起来。④ 而"视觉性"正是将这种"具有稳定性的视觉惯例和知觉形式"何以形成进行全面的历史梳理和社会分析,将"时代之眼"背后支持它的整体社会结构、个人感情结构等关系因素条分缕析出来。其二,既然这里的视觉对象并不仅仅等同于图像,实际上也包含以文字为代表的印刷文化,"看,作为一种行为,已经在一

---

① 米克·巴尔.视觉本质主义与视觉文化的对象[C]//吴琼.视觉文化的奇观.北京:中国人民大学出版社,2005:125-168.
② 米克·巴尔.视觉本质主义与视觉文化的对象[C]//吴琼.视觉文化的奇观.北京:中国人民大学出版社,2005:125-168.
③ 尼古拉·米尔佐夫.什么是视觉文化?[C]//陶东风,金元浦,高丙中.文化研究:第3辑.天津:天津社会科学院出版社,2002:1-12.
④ Michael Baxandall. Painting and Experience in Fifteenth Century Italy[M]. 2nd ed. Oxford:Oxford University Press,1988:29.

直以来被称作阅读的活动中被投入了"①。原因很简单,无论文字还是图像,都依赖于人之眼睛的视觉能力,只是从文字到图像,人的观看方式随着视觉技术的更新而发生了变化,如照相术的发明,而观看行为本身依然存在,因此这就大大突破了传统视觉研究的对象范畴和思考路径,正是在这层意义上,麦克卢汉的论断才显得深刻:"读写文化赋予人的,是视觉文化代替听觉文化。在社会生活和政治生活中,这一变化也是任何社会结构所能产生的最激烈的爆炸。"②从这一角度讲,古登堡印刷术才是西方视觉文化的媒介起源,而"视觉性"则是自照相术发明之后,尤其是20世纪以来影视、互联网等一系列媒介技术革命、发达的文化工业运作和消费主义意识形态合力的显著结果,它成为现代文化的基本性质。在这种意义上,视觉文化研究不仅仅是一个研究领域,对于文化"视觉性"的强调使其上升为一种研究现当代社会人类经验的方法论。此外,也有学者认为,为了凸显视觉形象背后的政治与文化建制,用"可见性"(visibility)这一概念来指称视觉文化研究,在其看来,"可见性,相比视觉性一词,更强调观看的行为、过程,更强调看的事件背后的一系列政治与文化历史的构建,那些使视觉成为可能的条件"③。然而在上述米克·巴尔、吴琼等学者的论述中,"视觉性"实际上已经包含了这里"可见性"想要强调的内容,两者在内涵与外延上并没有本质性区别。

然而,对此也有不同的声音。学者曾军认为,首先吴琼对于"视觉性"的阐释局限在"观看即凝视"的单一范围内,进一步化约为看与被看的关系,强调隐藏在这种凝视行为中的权力关系和欲望机制,而忽略了诸如对艺术作品进行纯粹审美式的凝视,抑或凝视在特定情境下具有的文化与经济属性。这是由于其参照的理论资源所限而形成的对"视觉性"的狭隘理解。其次,"视觉性"的文化研究有意无意仍将"视觉性与非视觉性"和"视觉的和非视觉的"相混淆,使"视觉性的文化研究"仍然没有完全摆脱"将视觉文化等同于视觉的文化研究"的思维陷阱。他认为,如果要对视觉性包含的关键内涵"使物从不可见转为可见的运作"进行表述,"视觉化"比起"视觉性"更为妥帖。前者来自于米尔佐夫对新的视觉文化做出的论断:它"最惊人的特征之一是它越来越趋于把

---

① 米克·巴尔.视觉本质主义与视觉文化的对象[C]//吴琼.视觉文化的奇观.北京:中国人民大学出版社,2005:125-168.
② 麦克卢汉.杂交能量:危险的关系[C]//埃里克·麦克卢汉,弗兰克·秦格龙.麦克卢汉精粹.何道宽,译.南京:南京大学出版社,2000:266-274.
③ 唐宏峰.可见性与现代性——视觉文化研究批判[J].文艺研究,2013(10):77-87.

那些本身并非视觉性的东西予以视觉化","并不取决于图像本身,而取决于对图像或是视觉存在的现代偏好。这种视觉化使现代世界与古代或中世界世界截然区别开来"。① 于是曾军从四个层面详细论述了"视觉化"所包含的问题:首先,"视觉化"最直接的意义就是指"将不可见变为可见的"(广义的"视觉化");其次,在视觉化过程中,影像化取得了主导性地位(狭义的"视觉化");再次,当代文化中的"视觉化"所显现出的一个特点就是后现代图像的虚拟性,即由于"拟像"的泛滥而形成的"视觉危机""表征危机"("视觉化"的后现代性);最后,上述视觉化逻辑甚至渗透到了非视觉之物中,形成"视觉性的弥散"。在曾军看来,"视觉化"能够兼顾我们对"视觉"的名词化和动词化的理解,它比"视觉性"拥有一种更具整合性的视角,能够将"视觉性"角度提出的问题涵盖其中,上述四个方面即形成了一个完整的视觉文化的问题谱系。②

此外,也有学者提出"文化性"这一概念,认为视觉文化研究的重心应该转向图像和视觉经验的文化性,后者包含了两个层面的含义。首先是图像的文化性。作为人类社会实践的产物,一方面图像本身就负载着特定的文化信息,另一方面也包含着图像的创造者想要以及表达传递的某些意义,因此图像本身包含的文化信息是双重的,既有图像形态中凝结的相对客观的文化内容,也有创造者主动赋予的更具主观色彩的文化意义。在视觉文化的理念中,图像被作为一个文化场域来看待。其次是视觉主体的文化性,即时代文化如何塑造了人们制图(编码)和读图(解码)的方式、习惯和能力,以及视觉主体如何把自身的文化身份带入制图和读图的过程,这就广泛涉及本雅明、巴特、福柯、布尔迪厄、德波、博德里亚尔等诸多现当代思想理论家以及文化批评理论的学术观点与资源。③ 从这些阐述的内容不难看出,"文化性"一来强调了现代视觉文化中主客体的突出特征,同时其包含的内容与"视觉性""视觉化"也有着本质性的重叠与共识。

无论是强调"视觉性"还是"视觉化",都深刻改变了现代视觉文化的研究对象与范畴。一方面,不仅包括传统的视觉造型艺术如绘画、雕塑和建筑,而且也包括现代媒介技术产生的摄影、电影、电视、广告、虚拟影像等一系列现代

---

① 尼古拉斯·米尔佐夫.视觉文化导论[M].倪伟,译.南京:江苏人民出版社,2006:5-6.
② 曾军.从"视觉"到"视觉化":重新理解视觉文化[J].社会科学,2009(8):109-114.
③ 马睿.文化研究视域中的视觉文化[J].西南大学学报(社会科学版),2011,37(5):150-155.

与后现代图像形式,实际上前者已经在现代视觉文化研究中被边缘化,后者取而代之处于中心地位。这也意味着,在现代视觉文化研究中,传统的高雅艺术与现代、后现代的大众文化之间不再存在二元对立的关系,两者同为研究对象而没有本质上的高下之别,从油画到电影同样都被问题化了,这也有效避免了文化研究中曾经存在的高雅文化与大众文化之争。此外,如果就具有完整结构和意义的图像是传统视觉文化研究的主要对象,那么在现代视觉文化研究中,铺天盖地而来的即时性、片段式的"图片"也成为其研究内容的重要部分,因为后者正是现代影像技术与视觉机器在后现代消费主义文化形态中的产物。另一方面,无论是基于"视觉性"还是"视觉化"的研究策略,视觉表征(visual representation)作为一种文化性的意指实践,是意义生产的一套程序,是一种显现在场的机制,通过可视化技术与媒介使不可见显形的意义生产过程与视觉实践。换言之,"看"这一视觉行为不再具有视觉中心主义所预设的物质性和纯粹性,而是蕴含着"如何看"、显现与遮蔽等看的可能性机制的问题,这意味着视觉不等于图像,现代视觉文化不再局限于可视化的各类图像,而是广泛包含了丰富的现代视觉经验,包括城市广场、博物馆、艺术中心、咖啡馆、购物商场、身体展示等各种社会景观与空间存在,不仅要研究具体的视觉文化文本,还要关注文本背后的视觉技术与视觉媒介,乃至于整个"视界政体"如何影响观看者的主体立场、结构位置、观看内容和观看形式等。

其次,研究对象的扩容与转向,意味着除了上述那种对视觉文本的内容与形式做审美式分析之外,与此同时,出现和转向了一种将各种图像及其视觉性与视觉化置于广泛的社会历史文化的语境下,引入各种文化与批评理论进行多维考察。例如20世纪90年代视觉文化研究的代表性成果之一《视觉文化:图像与阐释》的编者就指出,"对图像概念和图像史产生积极作用的是艺术社会史"[①]。与此前对图像做非历史性、社会性的审美分析,研究其艺术风格与技法不同,艺术社会史运用马克思主义的历史观,在具体的艺术史分析中引入社会学、文化学等,将图像的内容、形式、风格置于特定的历史语境下去考察,探讨艺术的社会功能和历史文化内涵,强调艺术与社会历史之间的内部联系。例如这一研究的代表人物克拉克(T. J. Clark)在其研究中认为,"界定一幅绘画中的不协调或不对称,然后将这种不协调或不对称与心理的、性的或社会学

---

① Norman Bryson, Michael Ann Holly and Keith Moxey. Visual Culture: Image and Interpretation[C]. Handover and London: Wesleyan University Press, 1994: xvi-xvii.

的解释联系起来,使用符号学得出艺术品的新含义"①。另一种是新艺术史的研究范式,即将20世纪以来出现的语言学、符号学、结构主义、女性主义、意识形态等文化与批评理论引入艺术研究,针对艺术图像的意义生产、观看主体的空间构成等问题展开研究,这些理论的引入为艺术史研究中的老问题带来了新的观照角度与答案。除了传统艺术史研究范式的转换之外,更不必说针对现代与后现代的大众文化的诸多研究了。这些研究广泛涉及主客交互、权力关系、意识形态、性别话语、主体建构与身份认同、后殖民主义、商品广告符号与消费主义、后现代主义等多方面的文化理论与实践。这些研究实际上已经与詹克斯(Charles Jencks)所谓的"视觉性社会理论"(social theory of visuality)有很大关联了。或者说,现代视觉文化的研究中不仅包括针对视觉艺术作品的文艺观点,而且也包括有关意识形态研究的政治观点,英国艺术理论批评家约翰·伯格的《观看之道》就是后者的典型代表,作者通过对绘画的解读认为,绘画中的内容不仅表达了阶级斗争的历史,而且也包含了性别政治,即长期以来的男女之间的社会不平等,这些意识形态解读意在对像传统艺术史这样的视觉文化研究发起挑战和争论。而在这种意识形态研究方法的背后,是视觉文化社会学研究的一个基本预设:视觉文本并非单纯是作者个人的思想或情感产物,而是对文本产生的社会时代的"小说化描述",或者说,视觉文本的本质在于揭示出它所在社会乃至于其中某一社会群体的世界观。而这种社会学的视觉文化研究并不局限于意识形态、性别、社会等级等,而是随着多元化的研究扩展到种族、宗教、民族性等范围,例如斯图亚特·霍尔于1997年主编的《表征——文化表象与意指实践》一书,即是对各种视觉文化的对象及其表征做多元化的分析,如战后摄影中所表征的法国社会与法国性,博物馆展览中包含的诗学与政治学,肥皂剧所表征的大众文化和女性文化等,属于现代视觉文化研究的代表之作。

综上所论,相对于传统视觉文化研究而言,现当代视觉文化研究的一个重要特征即是以"视觉性""视觉化"为研究对象的一种思维转向和范式转换。而这种研究转向是在一种"视觉转向""图像转向"的社会文化语境下发生的,关于后者的含义与确定性尽管仍然存在诸多的争议与探讨,但是可以肯定的是,"它不是回归到天真的模仿、拷贝或再现的对应理论,也不是更新的图像'在场'的形而上学,它反倒是对图像的一种后语言学的、后符号学的重新发现,将其看作是视觉、机器、制度、话语、身体和比喻之间复杂的互动。它认识到观看

---

① 唐宏峰.可见性与现代性——视觉文化研究批判[J].文艺研究,2013(10):77-87.

(看、凝视、扫视、观察实践、监督以及视觉快感)可能是与各种阅读形式(破译、解码、阐释等)同样深刻的一个问题,视觉经验或'视觉读写'可能不能完全用文本的模式来解释。最重要的是,它认识到,我们始终没有解决图像再现的问题,现在它以前所未有的力量从文化的每一个层面向我们压来,从最精华的哲学理论到最庸俗的大众媒体的生产,使我们无法逃避。传统的抑制策略似乎不再有用了,对视觉文化进行全方位的批判似乎势在必行"[①]。

---

① W.J.T.米歇尔.图像理论[M].陈永国,胡文征,译.北京:北京大学出版社,2006:7.

《毛以后的中国1976—1983》*：
刘香成的影像中国叙事

一、刘香成与《毛以后的中国1976—1983》

在20世纪中国的历史坐标中，70年代末到80年代初算是中国自清末民初开始现代性的追求与探索以来，尤其是新中国成立之后，一个特殊的历史转折期，它直接开启了20世纪80年代这一轰轰烈烈的大时代，正如陈丹青所言："其实，1976年9月9日之后，在中国，'70年代'已告终结。此后数年，全国上下的百般骚动不过是为八十年代开始了种种铺垫和预演。"②这期间发生了一系列影响深远的事件：毛泽东逝世、"四人帮"被捕、十年"文革"结束、邓小平复出、中共十一届三中全会召开等。这些事件使这短短的几年时间在新中国的历史上显得无比独特与重要，自1976年之后，中国通向世界的大门打开了，彼时的中国正向改革开放、现代化建设的新纪元迈出最初的一步。而这些事件均源于最重大的一个历史事件——毛泽东的逝世，这对中国而言是一个巨大的转折点，因此西方学者又将此后的中国称为"后毛泽东时代"。随着一个以阶级斗争为纲的政治年代的结束与思想解放、改革开放的开始，这个时期逐渐被注入了一股自由的新鲜气息，为此前高度集中和紧张的思想松了绑，因此这是一个"少见的充满闲散的浪漫年代，社会缓慢地抛弃它的过去，并思考着随改革政策的深入而带来的新事物。这是一个讨人喜欢的年代，中国人真

---

* 此书原版为China After Mao，1983年由英国企鹅出版社出版，2009年世界图书出版公司出版中文版。

② 北岛，李陀.七十年代[M].香港：牛津大学出版社，2008：49.

《毛以后的中国1976—1983》:刘香成的影像中国叙事

正有了思考的自由,而不再是完全按照上级的要求行动"①。正是在这样一个相对宽松的环境氛围下,这个国家自上而下,开始迈出最初试探性的步伐,以理性的姿态回归现代性建设的轨道,开启建设有中国特色道路的新时期。关于这一时期的文字著述不在少数,而与这些文字记录不同的是,美籍华裔摄影师刘香成通过亲历与摄影的方式,利用相机镜头呈现出那一特定时代的中国,以一种个人化的视角和历史感的视觉语言,记录中国在20世纪70年代末80年代初的几年中独特的社会变革历程。

美国哈佛大学的中国问题研究专家费正清曾诙谐地评论说,在尼克松访华之前,美国派往月球的人都比到中国的多。20世纪60年代的中国与西方世界相隔绝,西方的观察家们最多只能在香港隔海远观和臆度这个关起门来的新中国,直到20世纪70年代末中国正式接纳西方国家派驻的记者之前,外部世界对中国的观察和描述如此之少,西方新闻报道中关于中国的描述都是零星乃至失真的。而此后涌到中国的观察者们,经常被眼前的情景弄得一头雾水、了无头绪,在这个被一致样式、统一颜色的服装包裹的国家,人们表情漠然,公共场合到处都是宏大的政治标语和符号,在外来者的镜头或是笔下,中国可能被轻易贴上标签、被归类,而掩藏在表面之下情感涌动的真实世界却被遮蔽了。②与大多数西方记者甚至同时代的中国摄影记者相比,刘香成镜头里的中国却是另外一番模样。

1976年,毛泽东逝世,举国震动,世界关注。此时刘香成先后以《时代》周刊和美联社新闻摄影记者的身份回到中国,先是停留广州拍摄,1978年又北上北京,1984年离开。这期间,刘香成创作了他第一部关于中国的摄影集——《毛以后的中国》(China After Mao),1983年由英国企鹅出版社出版。在这批摄于70年代末80年代初的影像里,刘香成追踪和记录了在经历"文革"、毛泽东逝世等剧变之后,中国社会发生的剧烈骚动和悄然变化,构成了一幅幅珍贵的中国社会历史图录,其中不仅包括国家层面的宏大事件,而且更多地是去观照在时代背景的投射之下,日常社会中的大众个体呈现出来的生活细节与情状。这部摄影集为中国开启新时期,或被称为"第二次解放"的重要历史关头,留下了丰富而坚实的影像证据,在它首次出版之后,就"立即被那些了解中国惊天巨变的人誉为自1949年中华人民共和国成立以来最真实、最意

---

① 刘香成.自序:毛泽东以后的中国[M]//刘香成.毛以后的中国 1976—1983.北京:世界图书出版公司,2011:19-26.

② 许知远.刘香成的中国叙事[J].东方艺术,2009(17):138-147.

味深长的影像呈现"①,是一部后毛泽东时代中国人生活的视觉记录,它不仅一举终结了此前西方社会中流行的中国影像,那个被60年代欧洲知识分子的狂热理想化了的"中国",也让西方读者在这些具体的影像中,窥见一个更为真实的、在曲折中艰难前行的"中国"。

距离英文版《毛以后的中国》出版25年之后,2009年,该摄影集的中文版《毛以后的中国1976—1983》正式出版,旋即在国内引发广泛关注与影响。书中呈现了改革开放经过三十年后已让中国发生了翻天覆地的变化,现代化的进程与结果渗透到当代生活的每个细节与瞬间,其中的照片对于过来人而言,是一段历史,一段记忆;对于现代人而言,则是一个距今遥远的时代,一种想象。而无论对于曾经的过来人,还是活在当下的现代人,该书都意义非凡,它作为"第三只眼"象征着"开始回顾毛泽东去世后岁月的巨大标志"②,因而也成为以视觉影像理解中国,建构中国国家叙事的一册重要历史档案与影像文献。

二、中国的"版本"

刘香成在满足于自己对中国的理解和拍摄的同时,也曾感叹这种拍摄的不易,他曾说:"有人说,来中国3个月,可以写一篇文章;3年,可以写一本书;30年,你也许就不出声了,因为情况太复杂。"③正是这种复杂的情况,加之时代的变迁,在不同人眼里,甚至在同一个人眼里,就产生了不同版本的中国。

在刘香成的成长经历中,从中国到西方、再从西方回到中国的视野中,就有不同版本的中国。20世纪50年代的刘香成,有着在大陆上小学的经历和记忆,包括"反右""大跃进"等政治运动。当时的中国政治挂帅,以阶级斗争为纲,刘的母亲被划定为"官僚阶级和平地主",尽管阶级定性是"和平的",但刘香成的出身仍免不了被归为"黑五类"的后代,因此他在小学里属于"万点红中一点黑"。政治挂帅、阶级斗争、家庭出身、成分问题、品德分数等,以及由此导

---

① 理查德·伯恩斯坦.展示一个真实的中国[M]//刘香成.毛以后的中国1976—1983.北京:世界图书出版公司,2011:41-43.

② 刘香成.自序:毛泽东以后的中国[M]//刘香成.毛以后的中国1976—1983.北京:世界图书出版公司,2011:19-26.

③ 阙政.刘香成:"中国梦"三十年前已经开始[J].新民周刊,2013(30):60-63.

《毛以后的中国1976—1983》:刘香成的影像中国叙事

致的对红领巾的焦虑,构成了刘最初的身份认知,并让他对这个新政权、新国家有了自己特殊的感性认识和记忆。即便对于儿时的刘香成而言,这是一段痛苦的经历,但这段中国的血缘与情结也成了他日后理解并拍摄中国的根基起点,同时也形成了刘香成记忆中最初版本的中国。60年代初,刘香成回到香港接受英式教育,并在父亲的指导下将美联社和路透社的新闻稿翻译成中文,这些使刘香成得到了另一个版本的中国。70年代,刘去美国纽约上大学,接受正式的西方高等教育和职业教育,并在兴趣的驱使下大量阅读西方汉学家有关中国的研究文献,包括美国左派、右派对中国的看法。此时刘香成了解的中国又是另外一种版本。贯穿来看,刘香成在中国大陆接受社会主义小学教育,在中国香港接受英国殖民教育,在美国纽约接受西方教育,这些知识与经历背景共同构成了刘香成特殊的混合身份与观察眼光,这使他在时隔十多年重新回到中国后,对七八十年代中国的观察,既有局内人切身的记忆与体验,又有局外人由外入内时的敏感。当刘1976年回到中国,在广州拍摄沉浸在哀悼毛泽东中的市民时,他在珠江岸边看到人们打太极、看报纸,感受到这场社会巨变带来了空气中的微妙变化,"他们的神态和1969年的中国不同了,他们的身体语言表明他们放松了,阶级仇恨减弱了,他们把包袱放下来了"①,从一种阶级斗争式的肢体语言恢复到了人的自然状态,若非刘香成早年在国内经历过"大跃进"等事情,他在观察此时的中国时就无法感受到这种微妙的变化,正如刘的自我描述所言:"我拍摄照片,我以摄影的形式表达着我对中国、对中国人的看法,我与西方摄影师、与中国国内的摄影师视角都不相同。中国摄影师的作品被深深烙上1942年延安文艺座谈会的印迹。如果不是早年在福州生活过(从两岁到九岁),如果不是在性格形成时期有西方生活的经验,我绝对不会看到新中国这些细微的差别。在中国早年的生活使我了解了制度的必然性,而同时,我在美国和欧洲的生活经历又让我接受了普世的人文主义精神的影响。"②

正如刘香成所言,对于刘的同行、七八十年代国内的摄影记者而言,依然受到毛泽东在1942年延安文艺座谈会上讲话的影响,从根本上讲文艺是从属于政治的,"为艺术的艺术,超阶级的艺术,和政治并行或互相独立的艺术,实

---

① 许知远.刘香成的中国叙事[J].东方艺术,2009(17):138-147.
② 刘香成.刘香成:中国梦[M].北京:世界图书出版公司,2013:11.

际上是不存在的"①,"总是以政治标准放在第一位,以艺术标准放在第二位"②,因此,拍摄新闻图片的标准模式是"新华体",即跟随并拍摄有领导人出现的画面,为政治意识形态服务,这种当时全国统一的"新华体"摄影,被视为思想教育的重要工具之一,体现着国家意志。比如,与刘香成在北京的住所比邻而居的是一对红色摄影家徐肖冰和侯波夫妇,他们也是刘香成的前辈。在他们的摄影作品里,最能够代表中国的无疑是领袖人物毛泽东。侯波作为毛泽东的专职摄影师,跟随他长达12年,拍摄了毛泽东7次畅游长江的照片。

在新中国成立之后的中苏交好时期,受苏联国家通讯社及自身新闻摄影经验的影响,"中国摄影记者们要在他们的照片中制造不属于当下而指向未来('明天')的乐观想象的影像",在这种摄影范式的指导下,"新闻摄影只能像绘画那样建构,而不是对当时当地的事实的捕捉与再现"③。在这种趋于模式化的新闻摄影中所再现的中国,由于人为的时空设计与干预,失掉了史实的客观呈现和现场的历史感,形式大于内容,象征的意义大于事实的意义。如一位与刘香成同时代的新华社记者,在拍摄一个场景之前,有意调整了镜头中一只烟灰缸的位置,使其符合他的取景构图。④这显然并非仅仅是一个构图审美的问题,其内含的更大意图是,如何去除看似无关的现实因素,再现有关现实的画面而非现实本身,通过再现经由美学干预的"现实",而影响人们对自身现实环境的感受和认知。著名摄影批评家顾铮称此为"'视觉卫生'的'新闻摄影'观念(也是手法)",其本质是"不相信读者与观众对于自己身处的现实具有判断力。在那些提出了指导与制作这种照片的'方针'的人们看来,处于镜头前面的包括人在内的所有事物,都只是一种材料,一种被用于构成宣传口号的照片,构成了它们所需要的'历史'的素材而已"⑤。而刘香成的摄影,正是对这种僵化的摄影范式的冲击,他力图在对社会与人的日常生活细节的呈现中,在强烈的现场感与平静的事实中,再现一个不同以往的中国版本。

---

① 毛泽东.毛泽东选集:第三卷[M].北京:人民出版社,1991:865.
② 毛泽东.毛泽东选集:第三卷[M].北京:人民出版社,1991:869.
③ 顾铮.真水无香:关于刘香成的新闻摄影[M]//刘香成.刘香成:中国梦.北京:世界图书出版公司,2013:17.
④ 刘香成.第一版自序:实事求是[M]//刘香成.毛以后的中国1976—1983.北京:世界图书出版公司,2011:44-48.
⑤ 顾铮.真水无香:关于刘香成的新闻摄影[M]//刘香成.刘香成:中国梦.北京:世界图书出版公司,2013:18.

《毛以后的中国1976—1983》:刘香成的影像中国叙事

1980年,美籍华人陈宣远在北京建造了中国第一家外资豪华酒店——建国饭店。刘香成与当时中国的知名摄影师王文澜一同前去拍照(图1),王依照职业习惯拍摄了饭店的开业剪彩,而刘香成则拍摄了另一个画面:老板陈宣远坐在中式的椅子上喝着咖啡,身后站着一些身穿西式白衬衫、脚上却穿着解放鞋的中国服务生。中式的椅子与西式的咖啡,西式的衬衫与中式的解放鞋,这幅画面的曲折意味在这些细节的结构性对比中流露出来:一个"无产阶级海洋里的资本主义孤岛",西方的观念开始逐渐进入中国的社会生活,这种影响深刻体现着体制上的松动——公有制与私有制并存。王文澜看到刘的照片后深受震动:"因为同一个题材,我拍完剪彩就完事了,刘香成却拍了这张。"刘香成善于捕捉日常细节来反映时代主题,以及国家在体制观念和社会实践上的细微变化,这种摄影方式在这张照片中显露无疑,对之后中国的新闻摄影观念产生了巨大的影响,这种摄影观念和《毛以后的中国》也成为国内摄影记者的重要参考范本。

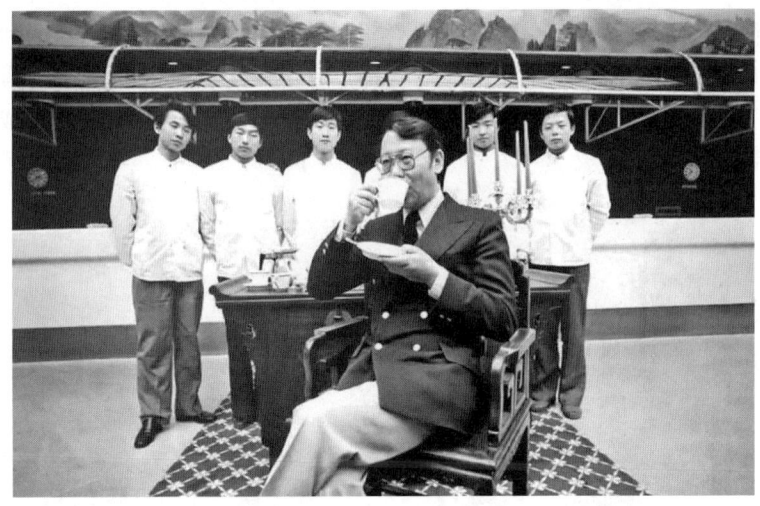

图 1

注:1980年,北京,陈宣远,这位来自加州帕拉奥图的美籍华人与中国国际旅行社北京分社合作,建造了中国第一家豪华酒店——建国饭店。刘香成摄

法国著名摄影家、现代新闻摄影之父亨利·卡蒂埃-布列松(Henri Cartier-Bresson)曾于1949年前后来到中国,用相机见证了中国命运的历史性解放和转折,其摄影作品集《从一个中国到另一个中国》(*D'une Chine A*

L'autre,1954;From One China to The Other,1956),以现实主义的风格再现了新中国成立之前人民生活的苦难和新中国成立之后的变化。相较于布列松的照片而言,《毛以后的中国》收录了刘香成自1976年到1983年间驻留中国时拍摄的200余帧照片,可谓见证了中国的"第二次解放"。毛泽东逝世之后,一个时代的特征还未全然褪去:譬如,1976年的上海,一群小学生在表演"打倒四人帮"(图2);1980年的北京,四名大学生正通过电视机观看对"四人帮"的历史性审判,旁边的墙壁上悬挂着一幅巨型的毛泽东画像。然而,更多的照片则显示着一个新时代已经悄然而来:在北京的"和平咖啡厅"里,年轻人经常聚集在一起抽香烟、喝汽水,这里一度成为北京最活跃的夜生活场所;在上海豫园茶室中,退休的老人们一边品茶一边悠然自得地聊天(图3)。这些场景在安东尼奥尼的纪录片《中国》中似曾相识,不过在刘香成的镜头前,饮茶的人们已不再像面对安东尼奥尼时那样警惕,人物心理的这种细微变化反映了整个时代的气候变迁,即在毛泽东以后的中国,由于政治意识形态的松动和调整、六七十年代那种革命与政治氛围的缓和以及随之而来的社会理性的回归与日常生活的正常化,中国正在从一种集体性话语裂变成无数的个体性话语,从一种声音裂变成无数个故事,刘香成镜头中的后毛泽东时代,又是一个全新的中国版本。

图2

注:1976年,上海,一群小学生在表演"打倒四人帮"。刘香成摄

《毛以后的中国1976—1983》：刘香成的影像中国叙事

图3

注：1979年，上海豫园茶室，退休的老人们边品茶边闲聊，这里鼓励待业青年卖花生、瓜子和香烟。刘香成摄

纵观《毛以后的中国》，刘香成以其多重的中西身份经历与知识结构，构成了观看中国的独特视野与角度，这种观看不是短暂停留，浮光掠影，而是以一种民族志的方式长时段地沉潜其中，观察社会的细微变化，并用摄影的镜头语言去持续记录，以小见大，从影像中透视和解读整体时代的宏大变迁。关于影像的这种力量，刘香成说："中国是一个非常特殊的国家，在全世界占据着重要的位置。对于欧洲或美国，或是日本，都已有完善的共同记忆，而关于中国的共同记忆却是模糊的。如果用文字去建构记忆，可能会引起偏差，但摄影却为

建构公共记忆的平台提供了可能。"①从这一角度看,这部由200多帧照片组成的纪实摄影并非是对那一时代只言片语式的琐碎再现,而是由一套镜头语言和表意符号构成的影像系统,其中包含着代表和象征那一特定时代的符号、主体、母题和意象等,它们所组成的意义结构围绕后毛泽东时代的中国展开了一种刘香成个人式的独立、自足、系统的影像叙事,并且搭建了一个可供回顾和阅读的记忆平台,其中折射出的时代、社会、人物、场景等可阐释、可叙事,具有阐释学和叙事学的意义。

三、《毛以后的中国》:影像叙事下的政治中国

在《毛以后的中国》中有这样一张照片(图4),1980年,在四川峨眉山,一个农民正端着碗吃饭,在他身后的架子上,放着一幅褪色的破旧毛泽东像,几乎被架子上的一堆旧鞋所淹没,肖像已经变得模糊不清,旁边的墙上贴着一句标语:"听华主席话。"这幅景象在刘的眼里颇有意味:随着毛泽东的逝世,毛泽东像不再是以往如红色主题宣传画一般的存在,而是退变为一种旧时代的遗迹,对这一伟大领袖的崇拜被束之高阁,相对于领袖肖像的背景化,凌驾于一切政治意识形态之上的日常生活,尤其是吃饭问题被突显出来。这张照片背景与前景的错落并置,暗示了随着毛泽东的逝世,毛泽东时代宣告结束,中国正从政治挂帅、以阶级斗争为纲的集体运动回归为一种更为世俗的日常生活与秩序,进入一个新的时代。与这张照片的表意相呼应的是,在影集的另一些照片里可以看到,艺术创作领域中毛泽东的影像也在趋于减少:1980年的成都,一位画家正靠在桌边小睡,他的身边是一幅巨大的毛泽东画像,他说"现在,我画他的次数越来越少了"②。在另一张照片里,"1982年,北京,中央美术学院的一名画家给一尊佛像做最后的润色。中央美院被委托修复贵州寺庙里'文革'时期被红卫兵破坏的雕像。当时,毛泽东像已经不那么盛行,而宗教塑像和圣物开始再度出现在祭祀场所、农村家庭和自由市场"③。毛泽东及其肖像曾是一个巨大历史年代的象征与标志,这在上文提及的红色摄影家侯波的

---

① 沈寅.刘香成:凡人的"中国梦"[N].湖南工人报,2013-08-21(5).
② 刘香成.毛以后的中国 1976—1983[M].北京:世界图书出版公司,2011:134.
③ 刘香成.毛以后的中国 1976—1983[M].北京:世界图书出版公司,2011:127.

《毛以后的中国1976—1983》:刘香成的影像中国叙事

摄影作品中随处可见即是明证,而这一标志此时在各种场合的背景化或弱化处理,暗示着那一时代在逐渐远去。这种意义在《毛以后的中国》中一幅最具代表性的照片(图5)里尤其鲜明:在1981年大连理工大学的校园里,一个生机勃勃的年轻学生滑着旱冰,正以轻盈优雅的姿态从一尊硕大的毛泽东雕像前滑过,"擎住头顶高高天空的巨人已经石化。在巨人脚下,一个青年正伸展出他初飞的羽翼。他踩着旱冰鞋做出奋力飞翔的姿态,还带着点滞重。他并不是真的有一双翅膀,他展开的双臂却表达着那个时代既浪漫又现实的梦想,隐喻那重新起飞的伟大的中国"①。而与这一意义相呼应的是,1979年1月1日,美国《时代》周刊将邓小平评为年度风云人物,封面标题写着:"邓小平,中国新时代的形象。"

图 4

注:1980 年,四川峨眉山,一个农民正在吃饭

---

① 刘香成.毛以后的中国 1976—1983[M].北京:世界图书出版公司,2011:220.

038 媒介中国——现代性的媒介话语叙事
China in Media: Media Discourse Narration of Modernity

图 5

注:1981年,辽宁,大连理工大学里,一名学生滑冰经过一座毛主席塑像。刘香成摄

《毛以后的中国1976—1983》:刘香成的影像中国叙事

不难看出,毛泽东像在《毛以后的中国》中是一个基本而重要的表意符号,在不同的场合里反复出现。刘香成对这一符号的上述运用与处理方式,如其影集标题所指,中国正进入一个"毛以后"的时代。然而从符号学的角度来看,一个符号在特定的表意语境中不仅产生"直接意义系统(直指作用)",而且深含着"间接意义系统(涵指作用)",因此对符号的解读要透过由其所构成的文本的表层意义,"达到其底层及诸隐喻层上的'背后'意思"①。

就《毛以后的中国》而论,七八十年代的中国及其政治变化并非如上所述如此单纯与明晰,社会及其思想总是在前进与惯性、变革与接续、显性与隐性的对立融合中呈螺旋式发展。在上述四川峨眉山农民的照片里,其深层的意义恐怕更耐人寻味;对于那位正在吃饭的农民而言,他无法告诉你为什么他的店里有毛泽东像,而这只是当时无数中国家庭与公共空间的一个缩影。毛泽东像与毛泽东语录几乎成为当时家庭生活与社会活动中的标准配置,它们象征着鲜明的政治正确,是意识形态立场的重要标识。而且,标语中的"华主席"正是毛泽东所挑选的接班人,"听华主席话"也就意味着听毛主席的话,如此,毛泽东的影响果真随着他的逝世结束了吗?影集的另一幅照片或许提供了答案:在1977年的上海外滩,街头的一面墙壁上悬挂着一幅巨型的宣传画,画中毛主席指定国务院副总理华国锋作为他的接班人,并亲自给华国锋写下六个字:"你办事,我放心。"同样是1977年的一幅照片:在上海音乐学院,学生们正在排练肖邦的音乐,而练习场地的红色背景墙上鲜明地贴着毛泽东和华国锋的肖像,左右两边的两段话语摘自毛泽东语录:"领导我们事业的核心力量是中国共产党。指导我们思想的理论基础是马克思列宁主义。""要搞马列主义,不要搞修正主义。要团结,不要分裂。要光明正大,不要搞阴谋诡计。"同样的两张领袖肖像也出现在另一张照片里:1980年9月19日,自新中国成立以来,上海首次举办时装秀。在开场前的更衣室里,受邀的美国著名时装设计师罗伊·豪斯顿·弗罗威克正与模特交谈,他们头顶的墙上同样悬挂着毛泽东和华国锋的肖像。可见,在后毛泽东时代,毛泽东的影响并未随着他的逝世而消失,而是以其他形式潜在延续,这成为认识和理解后毛泽东时代的中国的重要思想背景,也是这一转折过渡时期的重要特征。

此外,《毛以后的中国》中的另一个场景也与上述两张照片异曲同工:1981

---

① 罗兰·巴尔特.符号学原理:结构主义文学理论文选[M].李幼蒸,译.北京:中国人民大学出版社,2008:111-180.

《毛以后的中国1976—1983》：刘香成的影像中国叙事

全会,这次具有历史转折意义的会议决定"把全党工作的着重点转移到社会主义现代化建设上来"①,从政治和阶级斗争转向以经济建设为中心的现代化,即"经济工作是当前最大的政治"②,开辟了解放思想、实事求是、以经济建设为中心的新时期,这真正意味着"毛以后的中国"。然而历史的实际进程并非如历史书那样线性地翻篇即过、前后分明,而是有着强烈的历史惯性和延续性。在《毛以后的中国》的许多照片里,刘香成有意以毛泽东的画像或雕塑作为背景或焦点,这种视角下的影像叙事暗示着在20世纪80年代前后,围绕毛泽东的政治意识并未随着他的逝世而消失,毛泽东的形象与影响力从此前鲜明的时代前台转入时代背景之中,如同照片中巨大的毛泽东雕像一样,退入巨大的时代幕后,成为弥散在社会各个角落的政治无意识。毛泽东已然成为一个时代的集体无意识符号,是毛泽东时代为集体表情所烙下的深深印记,呈现在刘香成拍摄的这些影像中,业已逝去的和正在恢复的内容错落地并置于同一个时空场景当中,前景与背景的这种并置与对比,标志着一个新时期开端的过渡性与接续性,是后毛泽东时代中国社会所呈现的政治意义与空间特征的典型代表。

总之,在刘香成的影像叙事中,虽然摄影集的题名为《毛以后的中国》,但以"文革"之后遗留下来的毛泽东像为代表的政治影像符号却无所不在,无论处于背景还是前景,它都成为刘香成"影像中国"最为重要的表意符号,从而在整部影集中具有高度的视觉性和象征性。毛泽东像作为一个革命年代的标志性符号和历史印记,曾经深刻地嵌入中国人的个人生活,并且依然存在于毛泽东以后的中国社会,包括物理空间与心理空间,为七八十年代的集体表情烙下了深刻的印记。换言之,在"文革"及其之前的新中国时期,人们在毛泽东的领袖意志下生活,而此后"文革"虽过,他仍然以领袖肖像的方式影响人们的精神世界,他遗留下来的政治痕迹依然对此时的中国社会与个人产生显性或隐性的影响,各种集体或个人的政治活动依然是社会生活的重要内容,甚至影响至人们日常生活的各个角落。刘香成用他细致入微的镜头观察并捕获了这一重要的时代心理特征,用他自己的话说,即"了解

---

① "社论"[N].人民日报,1978-12-25(1).
② 邓小平.关于经济工作的几点意见[C]//邓小平文选:第二卷.北京:人民出版社,1993:194-202.

政治给这个国家的人民和制度带来的巨大影响"①,实际上社会政治及其气候变化始终是这部摄影集展开影像叙事的后台背景与潜台词,只是刘香成的镜头不是采取单刀直入的方式,而是以社会日常生活中的某一细节为着眼点来透视,这正如当代艺术评论家凯伦·史密斯(Karen Smith)所评论的,刘香成的摄影"通过一种特殊的方式关心政治,这样的纪实摄影在当时的中国可谓独一无二"②。政治,依然是贯穿后毛泽东时代的中国,尤其是那一过渡时期的重要线索和主题之一。

四、《毛以后的中国》:影像叙事下的日常中国

在《毛以后的中国》中包含一份具有划时代意义的历史记录:1978年12月25日的《人民日报》头版。该版发表了题为"把全党工作的着重点转移到现代化建设上来"的社论。随着十一届三中全会的闭幕,中国新一代领导人开始实行解放思想、改革开放的新决策,自此开启了社会主义现代化建设的新时期。从政治挂帅到解放思想,从以阶级斗争为纲到以经济建设为中心,不仅意味着从一个高度政治化的中国向经济中国转变,而且在《毛以后的中国》的影像叙事中,刘香成着力呈现的是,在政治格局趋于缓和、时代氛围逐渐冰释的大气候中,中国社会各个领域的全面改观有些是一种回归与复兴,有些则是一种引入与新变,无论哪一种,都共同呈现出重新理性化与回归日常化的中国国家肖像。

在处于现代化核心的经济建设领域,1977年,上海汽车制造厂的车间,两名女工正在装配"上海"牌轿车;1978年,上海宝山钢铁厂的建设工地,两位工人正在焊接设备,火光四射;1980年,北京燕山石油化工冶炼厂里的工人站在巨大的炼油设备前;1981年,深圳一家合资企业的电子设备装配线上,众多女工埋头忙碌。无论是劳动型的人物还是特定的工作场所,刘香成呈现了一片经济建设中日常忙碌的国家景象。

在文化艺术领域,1977年,上海音乐学院,学生们在排练肖邦的音乐;1979年,波士顿交响乐团的指挥家小泽征尔与中央乐团合唱团排练《欢乐

---

① 刘香成.第一版自序:实事求是[M]//刘香成.毛以后的中国 1976—1983.北京:世界图书出版公司,2011:44-48.
② 刘香成.毛以后的中国 1976—1983[M].北京:世界图书出版公司,2011:封底.

《毛以后的中国1976—1983》:刘香成的影像中国叙事

颂》,这是贝多芬第九交响曲1959年后首次在北京演出。而这些西方古典音乐在"文革"中曾作为"西方资产阶级音乐"而被禁。小提琴、披头士、摇滚乐等曾被视为资产阶级糟粕的东西,随着20世纪80年代的解放思想与对外开放,逐渐成为彼时年轻人学习与娱乐的对象。与西方音乐相似,1981年,由中国美术馆举办的美国波士顿博物馆展出;中央美院画家袁运生的抽象画创作;油画专业学生对着人体模特作画,这在20世纪50年代早期,在其被批判为资产阶级性质和腐朽堕落之前,曾是中国艺术院校的标准课程……这些如今重新回到文化艺术的实践中,成为艺术创作领域的日常性表征。除此之外还包括:1979年,北京北海公园小剧场中表演喜剧讽刺作品;1980年,表现粉碎"四人帮"的话剧;1981年,上海芭蕾舞演员表演《天鹅湖》;1982年,由美国剧作家亚瑟·米勒(Arthur Miller)创作并导演的《推销员之死》在北京首演,舞台上出演阿Q,及上演吴祖光的戏剧《风雪夜归人》等。这些中西艺术形式和表演内容之丰富与价值,只有在与此前10年间允许的八个无产阶级样板戏的对比中才能充分体现出来,这也说明,随着70年代末政治气候的逐渐松动,整个社会心理在经过多年的艺术封闭和精神压抑之后,对各种文化形式与内容的向往与需求随着空气的换新而重新释放出来。艺术的回归不仅在于形式与内容,而且在于从事艺术活动的人。刘香成特意把镜头对准了这一时期的新、老两代艺术工作者,以他们的日常表情或创作情状来传达他们的艺术生存状态,前者如1976年的青年艺术家马德升,站在密集的人群中发表演说阐述自己的艺术观点,神情专注,手势有力(图6);又如1981年,在北京电影制片厂里,当时中国顶级的年轻女演员们。后者则包括1980年时年届73岁的诗人艾青,1980年的剧作家曹禺和他的妻子、京剧演员李玉茹,1981年北京电影制片厂的演员陈强,1983年时79岁的丁玲等。刘香成对这些人物的视觉呈现多数以家为背景,他们虽然经历了十年"文革"的风雨沧桑,但此时神情自然放松、面带微笑,一副与艺术为伴的日常生活模样。文化艺术是那一年代中国思想精神最具代表性的风向标,艺术从形式到内容的回归与复兴,艺术人的正常化和自由发声,表征着七八十年代的中国正在回归常识,回归理性,回归日常。

与艺术领域的复兴相似,《毛以后的中国》里的另一批照片展示了社会传统习俗与宗教活动在各地的恢复。如其中一张照片是1977年的上海,一家人在殡仪馆里为亲人举行葬礼。在"文革"中,这类行为被视为封建主义的表现而遭到反对,而此时这些习俗开始有选择地恢复。同样遭到禁止的还有春节期间诸如踩高跷一类的传统习俗,在20世纪80年代北京的某公

图 6

注:1976 年,艺术家马德升在阐述艺术观点。刘香成摄

社,这些习俗又重新出现。宗教信仰同样经历了一个复兴的过程,在"文革"的高潮时期,宗教的合法性被取消,"他们强行禁止信教群众的正常宗教生活,把宗教界爱国人士以及一般信教群众当作'专政对象',在宗教界制造了大量冤假错案。他们还把某些少数民族的风俗习惯也视为宗教迷信,强行禁止,个别地方甚至镇压信教群众,破坏民族团结。他们在宗教问题上使用暴力……"①许多信徒因为古老的迷信观念被残害,或者被迫离开教堂去农村干体力活,此时这些宗教信仰和活动在广大地区又开始回归,如其中一张照片显示,1980 年,傣族妇女在景宏的一个佛寺里点燃蜡烛,奉上贡品。与此类似的照片包括:1980 年,北京东四清真寺的一次礼拜;1980 年,北京,教徒们在南堂(又称宣武门天主堂)做礼拜天祈祷;1982 年,年轻的天主教徒在做每日早礼拜;1982 年,北京天主教徒在南堂唱诗庆祝复活节;1982 年,中国印刷了 100 万本《圣经》。这些影像表明,传统的民风民俗和宗教信

---

① 中共中央.关于我国社会主义时期宗教问题的基本观点和基本政策(1982 年 3 月)[EB/OL].[2015-12-07]. http://www.hebmzt.gov.cn/tabid/73/InfoID/1927/frtid/38/Default.aspx.

《毛以后的中国1976—1983》：刘香成的影像中国叙事

仰也在回归日常。

即便是表现最庄重的国事和政治化场景，刘香成也捕捉到了政治人物或严肃场合中富有人情味和日常世俗化的意涵。他镜头中的美国前总统尼克松，在火车上扮演侍者的角色，他的手臂上搭着毛巾，拎着啤酒送给随行的记者（图7）；1982年的国庆日，美国时任驻华大使恒安石，像普通的中国人一样，在北京长安大街上骑着自行车；在一张表现中国人民解放军高级军官的照片中，这些高级将领坐在华丽的人民大会堂的房间里，低声地聊着天，姿态随意，表情丰富自然，透露出老熟人间的温情与暖意。在另一张照片中，展现了1982年中国高级官员与苏联驻华大使一起庆祝布尔什维克革命60周年纪念的会议场景，双方的官员，包括翻译在内，围拢在一起，时任中国外交部副部长钱其琛倾身交谈，气氛友好而轻松。虽然照片的议题是政治，但这些照片中的人物与场景与日常无异，其中饱含的人情味丝毫没有开会时肃穆刻板的感觉印象。无论是这些照片所映射的政治大事件、大背景，还是其中所呈现的微观细节，都暗示着与此前的10年甚至更早的历史时期相比，70年代末开始的中国新时期，政治也在复归理性，恢复日常状态。

图7

注：1982年，美国前总统尼克松在杭州开往上海的专列火车上，搭着一条毛巾、拎着青岛啤酒送给随行的记者。刘香成摄

媒介中国——现代性的媒介话语叙事
China in Media: Media Discourse Narration of Modernity

除了在上述领域之外,最能代表和表征日常中国的,实际上是刘香成镜头里"当下这一代"的普通男女。走出了政治运动的高潮年代,除了必要的政治学习之外,他们更多地回归到日常生活中,体验各种日常化的生活娱乐活动,他们抽香烟、喝咖啡、戴墨镜、滑旱冰、骑进口摩托、跳狐步舞、烫头发甚至割双眼皮,他们在街头、广场、公园、沙滩等地方充分舒展身姿、展露自我,这些活动和表情代表了七八十年代青年群体的生活时尚及思想面貌。在1979年摄于北京的一张照片(图8)里,一群年轻人聚集在"和平咖啡厅"里一起抽着昂贵的外国香烟,喝着国产的香槟汽水,这里一度是北京最活跃的夜生活场所。早在清光绪二十四年(1898),清政府就正式将北戴河辟为旅游避暑区。新中国成立之后的1953年,中共中央领导人确定在北戴河实行避暑和办公制度,自此北戴河正式登上共和国的政治舞台。由于历任中央领导人夏天都在此避暑疗养、办公开会,许多重大的决策皆在这里做出,且这里曾一度专用于接待外国贵宾,因此北戴河被誉为中国的"夏都",带着强烈的政治权力色彩和共和国的红色记忆。而进入80年代之后,北戴河与此前有了很大的不同——老百姓开始和领导人共享这片避暑胜地。因此在《毛以后的中国》里,有四张照片拍摄的是1982年在北戴河游泳玩乐的年轻人(图9),男子戴着当时摩登的太阳镜,女子穿着泳衣,在沙滩上以轻松的姿态摆出各种造型等待拍照。与这些休闲男女一样,另一张照片中是一个在北海公园湖面上滑冰的年轻人,此时正仰躺在冰面上休息。这张看似平淡的情境照片隐含着一种(悄然的)社会变化:当年(1982)出台的新宪法保障了所有人休息的权利。在众多描绘70年代末80年代初的社会场景的照片中,最具时代意味的也许是下面这张(图10):1981年,在北京天安门广场,华灯下几个青年借着灯光坐在地上认真地读书学习。这种对知识的渴望意味着"文革"十年那种非正常、非理性的反智主义英雄运动的时代一去不返,在后者的时代,"说读书无用好像理直气壮,报纸上就经常有伟人宏论,说读书越多越蠢,知识越多越反动,于是知识分子被名为'臭老九',几乎等同于阶级敌人"[①]。而就在"文革"结束后的1977年,高考正式恢复,曾经作为社会潜流的求知欲望此时随着政策的理性化喷薄而出,人们只争朝夕式地追回和弥补"文革"期间荒废的学业与流逝的时光。不只是学习备考的青年学生,实际上进入后毛泽东时代之后的整个社会,都处在对书本的阅读

---

① 张隆溪.锦里读书记[J].书城,2006(3):12-16.

和知识文化的渴求当中。在上文提到的那张照片里,青年艺术家马德升在街头演讲,阐述他的艺术观点时,围观倾听者众多。在另一张1979年摄于北京的照片中,一群市民围挤在墙根下,手中举着毛票争相购买杂志。究其原因,"这是由于我们一直处于文化的封闭状态,突然开放了,突然有一大批正在探索中的年轻艺术家出现了,压抑的文化人群自然欢欣鼓舞,这其实又是一个很自然的历史发展现象"①。从阶级运动到日常生活,从反智主义到读书备考,在这些照片的互文中,天安门广场读书的这幅照片尤其具有时代的象征意味,它以一个细微而典型的场景折射出时代的剧变,换言之,在这种读书情境的背后,同样是80年代整个社会求知与理性的回归。

图 8

注:1979年北京,"和平咖啡厅"里的年轻人。他们时常聚集在一起抽着烟,喝着国产的香槟汽水。这里一度是北京最活跃的夜生活场所。刘香成摄

刘香成的《毛以后的中国》,呈现出的是一个经过十年动荡之后趋于平稳和生活化的"日常中国"。进入后毛泽东时代的中国,正在从压抑和阴影

---

① 查建英.八十年代访谈录[M].香港:牛津大学出版社,2006:397.

媒介中国——现代性的媒介话语叙事
China in Media: Media Discourse Narration of Modernity

图 9

注:1982年,北戴河,几个年轻人一起摆好姿势等待拍照。北戴河以它的白色海滩和地中海式风光而知名,曾一度专用于接待外国大使。刘香成摄

图 10

注:1981年,北京,天安门广场华灯下学习的中国青年。刘香成摄

《毛以后的中国1976—1983》：刘香成的影像中国叙事

中走出来，从此前的狂热中恢复平静，"革命""阶级斗争""政治挂帅"等昔日的政治口号与政治符号逐渐消隐，而是以一种生活的、建设的话语代替革命的、运动的话语，在经济建设和改革开放的动势中重启中国的现代化建设，在实践中寻求真理。刘香成意在通过再现社会实践中的日常生活景象来把握现代化进程的脉搏，因为"如果一位摄影师能够在日常景象中捕捉到一种文化的时代精神，那么，摄影的力量长存"[①]。虽然改革开放初期社会的物质发展尚不丰裕，但人们注重和恢复自身的日常和正常生活，逛公园、谈恋爱、玩滑冰、参加聚会，并开始接触和学习新的事物，在对外开放的引领下接受西方文化：烫头发、戴雷朋墨镜、穿时髦的衣服、演奏肖邦的音乐等，这些活动在此前的时代是不可想象的，也正是这些日常景象，代表了那一时代的社会内容和人文精神，包含着"日常中国的气味和氛围"[②]。这些照片从视觉叙事的角度，表明在两个时代的交替中，人们开始向理性回归，社会逐渐恢复常识，人文主义的复苏让这个国度重新变得活泼而富有生气，此时的中国正是一切回归"日常化"的中国。无论是天安门夜读的青年学生、毛泽东塑像前的滑旱冰者，还是远在四川乐山端着饭碗吃饭的人，在这些视觉符号和景象的暗示中，一个已经终结的过去和一个正在到来的现在，两个不同的时代空间巧妙而含蓄地并存着，在透露出时代变迁的同时又无剧烈转换的冲突之感，而是讲述在更迭转换的年代，人们如何在日常生活中以如此的热忱期盼着新时代的到来。

因此，从影像中国的角度，《毛以后的中国》是一种借以进入和解读新中国特定历史年代的文本形式，一种独属于新中国特定时期的视觉景观。这种诉诸视觉符号的景观叙事形式，加上刘香成聚焦于社会各领域的具象内容，呈现出的是一个"日常中国的气味和氛围"[③]，凭借于此，这部影像中国的叙事文本极大地避免并超越了对"中国"这一宏观范畴及其特定时期的抽象描述和笼统评论。

---

① 凯伦·史密斯.刘香成镜头中的中国梦[EB/OL].[2013-07-25]. http://www.ftchinese.com/story/001051579.
② 蒂奇亚诺·坦尚尼.伟大的照片是思想的呈现[M]//刘香成.毛以后的中国1976—1983.北京：世界图书出版公司，2011：36-38.
③ 蒂奇亚诺·坦尚尼.伟大的照片是思想的呈现[M]//刘香成.毛以后的中国1976—1983.北京：世界图书出版公司，2011：36-38.

结语

美国华裔学者周蕾（Rey Chow）曾将鲁迅对自己为何弃医从文的自述，即著名的"幻灯片事件"，描述为"不仅仅是一位著名作家对自身写作生涯的自述，也是后殖民'第三世界'的新话语产生的故事，即一种技术化的视觉性话语"①。在周蕾看来，"幻灯片事件"是鲁迅作为中国人的身份在他者语境下对中国产生的"视觉性话语"（the technologized visuality）②。再回过头来看刘香成的《毛以后的中国》，则是摄影师作者先后以美国《时代》周刊常驻北京记者和美联社首位驻北京摄影师的身份，基于其早年经历记忆和西方文化他者的双重眼光经验，对 20 世纪七八十年代后毛泽东时代的中国产生的影像叙事话语。两者虽然一个用文字，一个用影像，但均以异曲同工的"视觉性话语"建构着有关中国的历史叙事。

在美国德裔犹太学者欧文·潘诺夫斯基（Erwin Panofsky）看来，关于值得研究的视觉文化对象，强调的是这样一种理论预判：每一个有研究价值的图像或艺术作品，都必须包含由某种语义倾向所规定的隐含意义，这一倾向代表着特定国家、时代、文化传统的基本态度和立场，同时又被创作者有意无意、有质量地注入作品之中。上文已言，刘香成儿时对于毛泽东时代中国的社会运动和阶级斗争的红色记忆与此后在西方接受的高等教育尤其是人文精神混合在一起，自我与他者的双重身份视角无疑都将内化为刘香成十多年后重回中国时观察和体会后毛泽东时代的经验基础，影响着他在感知中国时的基本态度和兴趣立场。正如刘香成自己所言，当他注意到毛泽东逝世之后中国发生的微妙变化之后，他决定留下来拍摄毛泽东以后的中国，这也意味着他所拍摄的中国必定包含了一种特殊的"国家、时代、文化传统的基本态度和立场"。刘香成的这种叙事立场和观察态度，被他鲜明地贯穿在《毛以后的中国》的照片里，加之以新闻纪实摄影的方式，再现了一个视觉化的中国。当这些照片集结成集、接踵而至时，其内容与态度上的连续性构成了一种不可逆转的意见陈

---

① 周蕾.视觉性、现代性与原始的激情[C]//罗岗,顾铮.视觉文化读本.桂林：广西师范大学出版社,2003：258-278.

② Rey Chow. Primitive Passions：Visuality, Sexuality, Ethnography, and Contemporary Chinese Cinema[M]. New York：Columbia University Press，1995：5.

述,也决定了他的这部影像集是一部既带有鲜明个人性又不乏真实性的国家叙事话语。这种话语具体而微地体现在他所拍摄的各色人物的"决定性瞬间"里,其中充满了温情、欢欣、松弛、警惕、紧张、戏虐和讽刺等多种人物情态和情感特质,从这些人物表情和日常细节里,读者体会到历史时代的重大变革和社会气氛,并从细节透视宏观,二者在"决定性瞬间"这种特定的影像语言结构中融洽地表里合一,折射出20世纪70年代末80年代初的中国如何在历史后遗症中重启现代性的进程,以及其中所包含的多个社会维度与复杂内涵,由此捕捉到了这个古老国度在经历了诸多磨难之后,即将开启一个新时代时引发的社会与心理骚动,从而在整体上形成《毛以后的中国》独特的国家叙事和形象建构方式。而这对于后来的历史想象者,尤其是西方长久以来对新中国片面的刻板印象而言,无疑具有极大的历史证明与廓清作用。正如有评论所言:"书中的摄影图片显得既熟悉又新鲜:对那些在中国国门之外的人,这些照片立即作为'中国'的具象蓝本化身,在被60年代欧洲知识份子狂热理想化了的,全国上下进行如火如荼革命的'中国'里,尚有一个不曾被好好读解和探讨过的在艰难与胜利中前行的'中国'。"①

---

① 凯伦·史密斯.刘香成的中国摄影三十年[N].杭州日报,2013-09-15(11).

视觉化的"中国梦":刘香成与后毛泽东时代的影像中国

与传统的文字书写相比,一个"毛以后的中国"如何通过摄影媒介来表征?如何以视觉影像的方式理解"中国梦"这一当代主题?换言之,对新中国的历史叙事与形象表征,以摄影技术为代表的影像媒介同样发挥着重要功能,后者以其特有的视觉话语在客观呈现的同时,也主观阐释着新中国追求现代性的国家形象与历史进程,因此这些影像及其双重性极大地影响着人们对于过去、当下乃至未来之中国的认知,成为重要的视觉研究文本。这当中既包括中国摄影师基于本土语境的"自我"观照,也有来自西方的摄影家如玛格南图片社的亨利·卡蒂埃-布列松(Henri Cartier-Bresson)、马克·吕布(Marc Riboud)等人,将中国作为一个文化"他者"来观察记录。由于身份、观念上的异质性和局限性,中西摄影师围绕"中国"这一历史范畴形成了迥异的观看视角和影像内容;与这两者皆不同的还有第三种眼光,以美籍华裔摄影师刘香成为代表,他以中西混合的独特身份经验和文化视角,对后毛泽东时代的中国发生的庞然骚动进行追踪观察和拍摄。1978年到1980年间,刘香成是在北京拍摄的唯一一位外籍摄影师,在1979—1981年海外媒体报道中国的图片中,一半以上出自这位摄影师之手。因此刘香成几乎成为20世纪80年代海外中国摄影的代表性符号,其作品影响力之大,甚至"一举终结了此前西方的中国影像"[1]。

随着1976年毛泽东的逝世,中国进入举世瞩目的后毛泽东时代。刘香成此时以美国《时代》周刊和美联社新闻摄影记者的身份回到中国,观察和拍摄这个剧变中的国家,随后出版了他第一部关于中国的纪实摄影集《毛以后的中国》(China After Mao,1983),该书"立即被那些了解中国惊天巨变的人誉为

---

① 刘香成.毛以后的中国1976—1983[M].北京:世界图书出版公司,2011:封底.

年,在山东大学校园里,抗美援朝战争的战俘、美国人詹姆斯·乔治·温纳瑞斯(James Geogre Veneris)在聆听一位年轻的学生演奏小提琴,他们背后是一尊硕大的毛泽东挥手塑像。同一年在内蒙古呼和浩特的大街上,一位清洁工人正在清扫一尊相同的毛泽东挥手像。后者至今依然是许多城市的地标之一,更不用说在20世纪七八十年代的中国。毛泽东的挥手之间凝聚了一种深刻的历史过程,"主席也举起手来……一点一点的,一点一点的,举起来,举起来;等到举过了头顶,忽然用力一挥,便停止在空中,一动不动了"①,"这是一个特定的、历史性的动作,概括了当那个伟大的历史转折时期到来的时候,领袖、同志、战友,以及广大革命群众之间,无间的亲密,无比的决心,无上的英勇"②。历史的特定进程将毛泽东的这一动作定格为一个经典的瞬间,不仅是这位领袖个人人格的展现,而且高度象征着一个曾经的革命年代,凝缩着那一时代的革命激情,成为一个革命中国的形象符号,因为"在他面前,是无数的战士,正朝着他所指引的方向,奋勇前进"③。细数《毛以后的中国》里的照片,毛泽东的形象经常以各种形式出现,一幅画像、几枚纪念章、巨大的雕像等。而更多的时候,毛泽东的影响及时代通过各种特定的象征方式呈现出来:1977年,上海一家钢铁厂工人参加政治学习班,放在他们面前的唯一一份学习材料是《人民日报》,可见当时这种制度化的政治学习依然存在;1979年,一位北京市民蹲在地上阅读《人民日报》;在一张反映1980年北京工人文化宫一场集体婚礼庆典的照片上,一位年轻女子正在表演一个节目,她在唱一首歌颂社会主义的歌曲;1980年,远在云南的景宏乡下,作为对泼水节仪式的补充,傣族乡民戴着军帽跳起了传统舞蹈。

　　1976年9月9日,毛泽东在北京逝世。在9月10日的《人民日报》上,一幅毛泽东的标准像占据整个版面,上方是"伟大的领袖和导师毛泽东主席永垂不朽!"这一版面被刘香成拍成照片放在《毛以后的中国》的开首部分,其意义耐人寻味,刘香成的这些影像,以及影像所表征的70年代后期80年代早期,都强烈笼罩着这位伟大舵手的影子。"文革"的结束和毛泽东的逝世,意味着以阶级斗争为纲和领袖崇拜的政治意识形态随之消解,中国进入一个后毛泽东的时代,其另一典型标志是1978年12月召开的十一届三中

---

① 方纪.挥手之间[M].北京:作家出版社,1963:116-117.
② 方纪.挥手之间[M].北京:作家出版社,1963:119.
③ 方纪.挥手之间[M].北京:作家出版社,1963:119.

视觉化的"中国梦":刘香成与后毛泽东时代的影像中国

自1949年中华人民共和国成立以来最真实、最意味深长的影像呈现"①。90年代刘重返中国继续拍摄,并于2013年出版了一部题为《中国梦》的大型综合影集,它包含了《毛以后的中国》里70年代末80年代初的部分照片和90年代至今拍摄中国的作品,这两个历史时期构成的时间跨度与中国新时期基本保持同步,因此这部影集再现了改革开放30多年来中国在政治、经济、文化、生活等领域里一幕幕鲜活的历史情景,"构成了一部以中国为题的'活水深流'的纪实摄影巨作"②。值得注意的是,作者以"中国梦"为标题立意,以视觉图像的话语方式再现与阐释了改革开放以来中国寻求现代崛起的历史进程与成就,它与《毛以后的中国》一起,围绕后毛泽东时代的中国形成了一套独特的历史影像和视觉叙事,至今已在世界多个国家举办大型摄影展览,产生了巨大的传播影响力。

当代学界和业界有关刘香成的文字,多以对他的人物访谈、拍摄经历介绍、摄影评介为主,它们为后续深入的专题研究提供了传记资料和背景上的准备,其中部分文章涉及他镜头里的"三十年""中国叙事""中国梦"等主题,但介绍性描述和浅析者多,有少数作者结合刘香成的特殊身份、摄影经历、摄影作品及历史语境等多种因素,针对他的中国叙事形成相对深入的专述③,但文字内容与重心依然不是学术研究性的。此外,一些中外学者以书序和评论的形式对刘香成的摄影美学及其与历史真实的关系做出了积极评价,其中不乏有益的观点和洞见。然而整体看来,少有将他的摄影文本作为一种系统的影像国家叙事做话语分析等学术研究,探讨这些影像背后的意义生成。鉴于此,本文在"中国梦"这一当代主题背景下,以刘香成《毛以后的中国》《中国梦》等影像文本为研究对象,结合图像理论、视觉文化、叙事学、符号学等相关理论,具体通过社会历史分析与图像文本细读(close reading)的研究方法,探讨三个相互关联的问题:首先,刘香成这套独特的历史影像话语在视觉上表征了一个什么样的"毛以后的中国"? 其次,这套影像叙事话语内在的叙事结构为何? 最后,这套国家影像话语的叙事结构赋予"中国梦"这一当代命题以何种历史合法性,又如何阐释它在历史脉络中的时代内涵?

---

① 理查德·伯恩斯坦.第四版序:展示一个真实的中国[M]//刘香成.毛以后的中国1976—1983.北京:世界图书出版公司,2011:41-43.
② 顾铮.真水无香:关于刘香成的新闻摄影[M]//刘香成.中国梦.北京:世界图书出版公司,2013:11-14.
③ 许知远.刘香成的中国叙事[J].东方艺术,2009(17):138-149.

一、后毛泽东时代的人文中国：从复归常识与理性到个体主义

《毛以后的中国》中文版于 2009 年出版，成为"人民开始回顾毛泽东去世后岁月的巨大标志"[①]。20 世纪 70 年代末 80 年代初开始的后毛泽东时代，随着一个政治年代的结束，以"现代性"为时代关键词，通过改革开放自上而下地迈出它最初的试探性步伐，重启对一个现代性国家的追求。刘香成对这一历史时期的中国有自己的观察眼光和理解方式，用相机镜头从整体上再现了一个后毛泽东时代的人文中国，用具有时代内涵或寓意的影像符号阐释这种人文现代性在前后两个时期里的表征与演变。

"文革"十年导致的不仅是诸多政治动荡和社会创伤，而且使中国暂时失去了一个现代社会应有的常识与理性秩序。在此背景下，刘香成的《毛以后的中国》用照片见证和记录了中国在 20 世纪 70 年代末 80 年代初"文革"之后的"第二次解放"，它所包含的 200 余帧照片呈现了这一解放的基本要义：这一时期是"少见的充满闲散的浪漫年代，社会缓慢地抛弃它的过去，并思考着随改革政策的深入而带来的新事物"[②]，伴随这一过程，此前的社会常识与理性逐渐复归，这一点广泛体现在照片所再现的政治、经济、军事、外交、艺术、宗教、日常生活等各个社会领域：在经济领域，从 1977 年的上海汽车制造厂到 1978 年的上海宝山钢铁厂，到 1980 年的北京燕山石油化工厂，再到 1981 年深圳的电子设备合资企业，正常的经济生产正在代替过去的政治运动，工人们表情专注、轻松或面带笑容。在文化艺术领域，"文革"中被视为西方资产阶级糟粕的小提琴、披头士、摇滚乐和古典音乐等，随着 70 年代末的解放思想与对外开放，重新成为专业院校和年轻人学习、娱乐的内容，如 1979 年，指挥家小泽征尔与中央乐团合唱团排练《欢乐颂》，这是贝多芬第九交响曲 1959 年后首次在北京演出；1981 年，中国美术馆举办美国波士顿博物馆展出，中央美院油画专业学生对着人体模特作画，后者在 20 世纪 50 年代早期，在被批判为资产阶级

---

① 刘香成.自序：毛泽东以后的中国[M]//刘香成.毛以后的中国 1976—1983.北京：世界图书出版公司,2011:19-26.

② 刘香成.自序：毛泽东以后的中国[M]//刘香成.毛以后的中国 1976—1983.北京：世界图书出版公司,2011:19-26.

性质和腐朽堕落之前曾是中国艺术院校的标准课程,如今重新回归艺术创作的日常活动。与艺术领域的复兴相似,社会传统习俗也在逐渐恢复:在1980年北京的某公社,此前遭到禁止的踩高跷等春节传统习俗又重新出现。宗教领域经历了同样的复兴,其合法性曾在"文革"的高潮时期被取消:"强行禁止信教群众的正常宗教生活,把宗教界爱国人士以及一般信教群众当作'专政对象'。"① 此时这些宗教信仰与活动在多个地区又开始回归,如照片所示,在1980年的北京,东四清真寺的一次礼拜,教徒们在南堂(又称宣武门天主堂)做礼拜天祈祷。除了上述宏观领域,最能表征一个"人文中国"及其社会常识与理性秩序的,是刘香成镜头里七八十年代的普通男女:当他们走出了政治运动的高潮年代,更多地是回归日常生活的各种活动,尝试改革开放之后的新鲜事物,包括餐馆聚会、抽香烟、喝咖啡、戴墨镜、滑旱冰、骑进口摩托、跳狐步舞、烫发甚至割双眼皮,他们在街头、广场、公园、沙滩等日常化的公共空间中充分地舒展身姿、释放自我、显露个性。在摄于1979年北京"和平咖啡厅"的照片里,一群年轻人聚集在一起抽香烟、喝汽水,这里一度成为北京最活跃的夜生活场所;在同一年的上海豫园茶室,退休的老人们一边喝茶一边悠然自得地聊天。这些照片和活动表明人们在常态化的生活内容中逐渐恢复了现代社会应有的常识与理性秩序。其中最典型的一张照片是在1981年的北京天安门广场,华灯之下几个青年坐在地上借着灯光专注地读书。这张照片的象征意义远远大于它的图像内容,它象征着新时期一代对知识的渴望和对逝去时光的弥补,及对理性的重新肯定。此外,还有另一张照片与之形成呼应:1979年,在北京的一个墙根下,一群市民举着手里的钱挤在一起争相购买杂志。它们意味着"文革"时期非理性的反智主义英雄运动的时代一去不返,后者"说读书无用好像理直气壮,报纸上就经常有伟人宏论,说读书越多越蠢,知识越多越反动,于是知识分子被名为'臭老九',几乎等同于阶级敌人"②。整体看来,在《毛以后的中国》所表征的两个年代的过渡中,从自我封闭到对外开放,从政治运动到日常生活,从反智主义到读书备考,这些反映各个领域的照片形成一种互文性表征,各种细微的场景共同折射出70年代末80年代初整个社会理性的回归,"革命""阶级斗争""政治挂帅"等运动口号与政治话语虽未完全消失,

---

① 中共中央.关于我国社会主义时期宗教问题的基本观点和基本政策(1982年3月)[EB/OL].[2015-12-07]. http://www.hebmzt.gov.cn/tabid/73/InfoID/1927/frtid/38/Default.aspx.

② 张隆溪.锦里读书记[J].书城,2006(3):12-16.

却在逐渐消隐幕后,而代之以一种日常的、生活的、建设的叙事话语,此时的人们在身体与情感上正在经历一个从紧张到松弛、从狂热到平静、从压抑到释放的转变,社会也在经历从革命运动到日常生活这种秩序的重建与理性意识的回归。总之,刘香成通过记录上述社会各个领域中的人物情态与日常景象,表征了一个经过十年动荡之后趋于常识化和理性化的"人文中国"。

进入90年代直到21世纪当下,刘香成将拍摄中国的重点转向了名人肖像,诸如中国摇滚教父崔健、创业人洪晃、演员瞿颖、陈红、徐静蕾、导演陈凯歌、张艺谋,艺术家陈逸飞、王广义等,他们皆是在90年代社会转型与大众文化中有所作为并彰显个性价值的弄潮人,成为表征那一年代个性鲜明的时代性符号。上述七八十年代之交的中国虽然开启了改革开放与思想解放,但在意识形态和生活模式上依然是一个集体主义主导的社会,个体意识只是作为常识与理性回归的一种表现。而到了90年代后期,随着市场经济转型及其带来的商业化思潮,中国逐渐进入一个新的彰显个人价值与个性特征的个体主义时代。刘香成拍摄客体和叙事对象的转变,亦在表征此时中国在市场经济、全球化浪潮的影响下从观念到行动的变化。例如在《中国梦》前后照片的纵向对比中,1979年,北京的王克平用横幅标明要求艺术的自由创作;到了90年代,画家陈逸飞成为中国首位明星艺术家,王广义、方力钧有了自己的工作室并开展个人创作;进入21世纪,画家蔡国强、曾梵志、张晓刚已经在国内外举办个体艺术展。随着30年间的时代变革与社会进步,个人价值与理想在其中得到了充分发展与实现。而在这些照片的横向对比中,无论是1980年云南思茅三个穿绿军装、戴墨镜的中国朋克,还是1982年北京圆明园里的年轻人靠在进口摩托车上摆着电影《地狱天使》中的帅气造型,他们都力图以80年代流行的社会文化符号,如墨镜、蛤蟆镜、发型、服饰等,来展示当时的流行风尚与个性;而到了90年代至今,时代的弄潮儿们通过个人事业的奋斗来追逐个人梦想、张扬自己的主体价值,刘香成特意捕捉这些人物身上叛逆的眼神、自信的表情、妩媚的身姿等身体语言,来描摹他们富有个体主义的心理意识,及其整体表征的90年代和新世纪。与80年代追求个性而又朴素稚嫩的人物面孔相比,90年代以来的人物表情显示出更加成熟与现代的个体理性。这种以个体为内核的影像叙事在刘香成为新一代"叛逆者"、80后明星作家郭敬明拍摄的照片中最鲜明地体现出来(图1):郭敬明双手插兜、侧身而立,以夜幕中的东方明珠和摩登大厦为背景,站在上海外滩18号的顶层露台上,俯瞰华灯闪烁的上海滩。镜头里的郭敬明脸上充满新生代主人式的自信和骄傲,其个体形象在宏大的现代都市景观中被充分突显出来。郭作为当代中国个体

视觉化的"中国梦":刘香成与后毛泽东时代的影像中国

崛起中的弄潮儿,其身份经历代表了中国自改革开放和经济转型以来生根发芽的个体主义与实践,正如刘香成所言:"中国从一个集体主义的时代到尊重个人的时代,这个时代需要个人的声音。郭敬明代表什么,我去拍他不是因为他是名人,而是中国转到这个时代。没有人说他是代表单位或组织,他是个人的形象。"①从 20 世纪 80 年代云南的中国朋克到 90 年代上海街头的迪奥(Dior)模特,再到 21 世纪的郭敬明,中国的现代性追求始终隐含着一条以人为本的人文线索,如果说其中包含的个体话语在 80 年代初还若隐若现,那么到了 90 年代之后则浮出历史地表变得愈加明显,直至成为当代社会从物质生活到意识形态的一种本质性变化,郭敬明那张肖像照的意义即在于,作为一种国家叙事,它是当代中国蕴含人本价值的个体主义时代的影像表征。

图 1

注:郭敬明,在上海外滩 18 号的顶层露台上。刘香成摄

---

① 沈寅.每一天,每时每刻,都能感受到身份的危机——专访普利策奖获得者、摄影家刘香成[N].外滩画报,2013-08-16(9).

合而言之,刘香成以影像叙事的方式,表征了中国在后毛泽东时代30多年间经历的现代性进程,从最初社会常识的重建、理性的回归到个体话语的兴起与当代流行,当中经历了从政治松绑到经济建设的重心转移,再到个人思想的解放与活络,这一渐变的过程既是共时层面的联动反应,更是历时性的长线发展,并且始终以特定历史语境中的"人文"为叙事内容,从整体上再现了一个后毛泽东时代的"人文中国"。

二、影像中国的叙事结构:"决定性瞬间"里的个体话语

刘香成镜头下的影像叙事如何再现了一个人文中国?用罗兰·巴特的话说,"对于编码的分析比对于所指的分析也许更可以在历史上较容易和较确切地确定一种社会"①。从摄影者拿起相机取景构图的那一刻起,编码就已经甚或早已开始。作为摄影者主体本身就是意识形态建构的结果,因此他的摄影并不是"自由"的,而是选取对其而言可以注入"意义"的"现实",如此现实就被寓言化、叙事化了。换言之,摄影也是一种叙事语言和语言叙事,从索绪尔语言学的角度来说,它既包括特定的叙事"言语"(Parole),即具体图像,也包括这些图像背后生成这一叙事的"语言结构"(Langue),即编码规则。在这一意义上,刘香成镜头下的后毛泽东时代的中国影像,必然内在地贯穿着刘香成的一套语言叙事结构,后者一方面取决于叙述者的摄影美学观,另一方面与其自身的历史意识与文化构成密切相关,这两方面经纬交织,共同构成了影像叙事的意义生成机制,从而在整体上决定着刘香成对"中国"这一历史范畴的意指实践,下面分而论之。

(一)"决定性瞬间"的摄影美学

作为纪实性摄影家,刘香成的摄影记录并非重在追求画面的审美感受,而是让影像讲出真实新鲜的故事,内含生动的时代精神,这一见解源自摄影先驱、法国现代新闻摄影之父布列松的观点:拍摄一张图片的决定性一刻,是人的思想和心智跟眼前的画面碰撞之时,即"决定性瞬间"(the decisive

---

① 罗兰·巴特.显义与晦义[M].怀宇,译.天津:百花文艺出版社,2005:19.

moment)。布列松认为,凡事都有其决定性的那一瞬间,而摄影就是在几分之一秒内,对某一事件中互为表里的两个部分同时辨识的过程:事件本身具有内在意义,外在表征又透过摄影对图像的精确组织,把意义恰当地表现出来。在所有的表现手段中,摄影是唯一能精确地把转瞬即逝的瞬间固定下来的手段,摄影者就是和一些不断消逝着的东西打交道。因此他主张摄影应在极短的瞬间将具有决定性意义的事物加以概括,抓住其表象和内涵,通过抓拍手段将拍摄对象的形式与内容、时间与空间这几个方面同时恰到好处地呈现出来。① 简言之,"决定性瞬间"就是摄影在一刹那间将构成事件的意义,以及恰如其分表达该意义的结构形式,同时确认下来的方式。这种摄影美学观成为刘香成展开影像中国叙事的话语结构因素之一,并且他在布列松的基础上为这一"瞬间"赋予特定的时代感情与文化内涵。

在20世纪六七十年代革命运动的氛围下,个人爱情被视为资产阶级情调而成为一种禁忌,公共场合的男女牵手、谈情说爱会遭到非议。正是基于这一时代历史背景,刘香成通过"决定性瞬间"来捕捉七八十年代过渡期的微妙变化。在一张定格于1978年上海公园的照片(图2)中,一对正在约会的年轻人坐在长椅上,在亲密聊天的同时眼光里也充满了对周遭的警惕,而一位坐在旁边的老者则始终注视着他们,他专注的眼神和表情透露出对新一代自由恋爱的质疑与好奇。这一瞬间场景包含着社会在发生内在转变之初的某种矛盾性:人们在可以自由选择与表达情感的同时又保持着小心翼翼与敏感,新旧观念的差异冲突,以及个体意识重新得到释放后,人们对私人空间的需求与匮乏等多重社会含义与矛盾。在此类具有决定性的瞬间景象中,细节得以突显,意在强化它们所包含的复杂社会意义与时代内涵,这在另一张照片(图3)中显得尤为明显:在1981年的北京月坛公园,一对青年恋人正相对而坐,言谈中身体保持着一定的距离但又两手相握,特别是两人的腿相互勾连在一起。这张照片看似普通,但其叙事价值正在于对人物肢体语言的瞬间捕捉,即情侣刻意保持距离但又勾连在一起的两只脚。正是这一瞬间细节蕴含着当时人物的复杂心理,乃至一种集体性的社会意识,一个时代特殊的情感表达方式,刘香成对此解释说:"在政治运动的间隙,只要有一点点可能的空间,人们就希望坐下来享受一点生活的亲密。他们是两只脚交叉,看起来这是很细节的东西,但把

---

① 布列松."决定性的瞬间"序言[EB/OL].[2010-09-12].http://vision.xitek.com/review/201010/12-52625.html.

当时背景下那代人的情感方式表现出来了。"① 在刘香成的照片中,最能代表这一镜头语言结构的,是1981年在大连理工学院的校园里,一个学生滑着旱冰,正张开双臂以轻盈优雅的姿态从一尊硕大的毛泽东雕像前滑过。这一瞬间画面蕴含着强烈而丰富的视觉象征与时代意味:"在巨人脚下,一个青年正伸展出他初飞的羽翼。他踩着旱冰鞋做出奋力飞翔的姿态,还带着点滞重。他并不是真的有一双翅膀,他展开的双臂却表达着那个时代既浪漫又现实的梦想,隐喻那重新起飞的伟大的中国。"②

图 2

注:1978年,上海一公园内,一位老者注视着一对年轻人。虽然当时中国已接受现代西方的影响,但许多年轻人坦言他们的父母仍然为子女安排婚姻。刘香成摄

---

① 朱子峡. 用镜头记录"中国梦"[N]. 中国科学报,2013-08-30(16).
② 刘香成. 毛以后的中国 1976—1983[M]. 北京:世界图书出版公司,2011:220.

视觉化的"中国梦":刘香成与后毛泽东时代的影像中国

图 3

注:1981年,月坛公园,两个人在分享他们亲密的一刻。刘香成摄

摄影理论与批评学者藏策曾借用"陌生化"这一形式主义文学理论中的重要概念,来说明纪实摄影的核心语法。他认为摄影是一种提喻,现实中的元素一旦被提喻进镜头画面之后,就脱离了原先的语境,必须产生新的意义,这些是不同于日常经验而与现实有所"间离"的影像,后者是要在保持现实元素具有"真实感"的前提下,发现这些现实中已被习以为常且视而不见的东西,而这种新生成的意义就是"陌生化"的①。刘香成的影像正是吃透了人的表情肢体语言、毛泽东塑像、时代语境等特定年代的日常经验与符号信息,将其置于一个"决定性瞬间"中,这些现实元素及其符号由并置和对话而产生特定的社会历史意义,进而构建元素符号背后整个国家的时代精神、社会变革和文化心理的历史叙事;反过来在对这种"决定性瞬间"的视觉再现和深度理解中,也形成了对这些现实元素的再审视,即陌生化效果。总体而言,"决定性瞬间"的摄影理念及其产生的"陌生化",不止是一种摄影技巧,更是刘香成在对后毛泽东时代的中国展开影像叙事时遵循的一种结构性语法规则。

---

① 藏策.影像诗学探究——纪实摄影的"语言"[J].中国摄影家,2010(5):8-13.

(二)个体主义的叙事视角

影像中国不仅涉及一种摄影美学的理论观念,而且实质上也是一种图像式的历史观看,后者面临的一个基本问题是从什么视角观看和叙述中国?而与"决定性瞬间"相结合的另一结构性叙事规则,正是刘香成在国家叙事中以个体性的人作为聚焦对象和叙事视角,如其本人所言,"我要去看中国人怎么爱、怎么工作、见面时有怎样的肢体语言,要从最小细节的积累中表达出我眼中的中国"①,因此,刘香成的中国影像是由形形色色的人所构成的,并在具体叙事中形成鲜明的个体性视角和由此生成的个人性话语内容。

刘香成认为,"要表述这么大的一个故事,还是要回到最小的细节"②,这个细节就是具有视觉观感的个体之人,包括眼睛、头发、衣饰、动作、姿态、表情等各种人性表征,这些视觉符码散发着特定时代与人物身份的独特气息,并暗含了围绕人所发生的变化,后者通常是由于某种时代变迁所产生的同步变化,代表着特定时代精神在个体身上的投射与影响。通过这些丰富鲜活的人性反应与表征才能见微知著,赋予宏观历史以微观层面上的内容及意义。于是在《毛以后的中国》开篇的照片(图4)中,在70年代末80年代初随着毛泽东的逝世,刘香成注意到在广州珠江边上打太极、看报纸的普通市民,从他们松弛下来的面目表情和身体姿态上,感受到"文革"结束、毛泽东逝世后社会空气发生的微妙变化,他敏锐地观察到人们在后毛泽东时代中并不完全是悲哀,而是放下了一个沉重的历史包袱,他们放松的神情和肢体动作预示着一个新时代正在开启。在随后的整部影集里,日常生活与工作情境中的普通人构成了刘主要的观察视角与叙述内容,全书一共159幅照片,除了一些展示特定场景的照片外,其余以个体人物为叙述内容的照片占据全书总照片数的大半,广泛涉及政治、经济、宗教、艺术、国际交流和日常生活各个领域。其中具有代表性的如上文提到的1980年云南思茅的中国朋克(图5):三个穿着朴素的乡村少年,头戴解放军军帽,又戴着时下流行的墨镜。刚过去的年代和正在到来的时代,革命运动的痕迹与改革开放的风气,本土的和外来的,在这一瞬间共同交汇在他们身上,尤其是那三副面孔,渴望时髦老成的脸上又稚气未脱,

---

① 潘恒,柯译然.刘香成:细节中的影像中国[N].(香港)文汇报,2013-08-27(A31).
② 李梦迪.刘香成:用镜头记录三十年中国梦[EB/OL].[2013-08-06]. http://arts.cul.sohu.com/20130806/n383513232.shtml.

视觉化的"中国梦":刘香成与后毛泽东时代的影像中国

图 4
注:1976年10月,一名广州工人正在人民广场练武术。刘香成摄

图 5
注:1980年,云南思茅,中国朋克。刘香成摄

这正如布列松在谈到"决定性瞬间"时所言,还有什么东西比人脸上的表情更加变化多端和稍纵即逝呢?一张特别的面孔给予我们的第一个印象往往是最真实的①。

此外,诸如在北戴河游泳的年轻男女躺在沙滩上时脸上的笑容,上海豫园茶室里老人们喝茶闲聊的悠然神情,工厂里正在做工的工人们脸上的专注或微笑,坐在天安门广场华灯下的青年专注读书时的神情等,在这些形色各异的面孔和表情背后,是卸下历史包袱之后的自我释放与个性追求的社会心理,是人们在经历了一场漫长的集体政治运动之后,渴望一种解放了的、个人化的正常生活。刘香成通过对这些个体面目细致入微的瞬间捕捉,发现中国人在这一过渡和转折性的历史时期,开始享受秩序重建的自由与理性,在宽松的社会氛围中重新发现个体情感和私人空间。刘香成说:"我的照片抓取的是那些从毛的影响中走出来、重新燃起人文精神的中国和中国人。"②正是这些具有鲜明时代特征的个体人,作为历史进程中形成社会并创造日常生活的主体,才在最广泛的意义上构成了"毛以后的中国"。

除了这些普通人物之外,刘香成的人物叙事所涉是一些在七八十年代中国社会变革中具有象征性或代表性的人物,如1980年被审判的江青、1980年在中国的西哈努克亲王、1982年接待来华投资的美国企业家阿莫德·哈默(Armand Hammer)的邓小平、1982年访华的美国前总统尼克松和基辛格、时任驻华大使恒安石(Arthur Hummel Jr.)、1982年访华的英国首相撒切尔夫人、1982年来华宣告法国共产党与中国共产党恢复党际关系的法国共产党主席乔治·马歇(Georges Marchais)、1983年来北京开办餐厅的的皮尔·卡丹(Pierre Cardin),以及随着中国改革门户开放而来的其他西方名人。即便是上述这些名人,刘香成在观察人物的镜头中,也试图首先表现他们作为普通个体的一面,捕获他们在某一特定场合由普通人性所激发出的某种反应或瞬间。例如,1982年邓小平接见美国企业家阿莫德·哈默,刘香成抓拍到了双方代表合影时,邓小平斜着眼睛偷瞄身旁这位来自西方的"红色资本家"的瞬间表情(图6),他的眼神中透露着俏皮与可爱,这在领导人的肖像照中很少见到,与"红色摄影家"所拍摄的领导人形象截然不同。

---

① 布列松."决定性的瞬间"序言[EB/OL].[2010-09-12].http://vision.xitek.com/review/201010/12-52625.html.

② 凯伦·史密斯.中国梦:与刘香成谈摄影[M]//刘香成.中国梦.北京:世界图书出版公司,2013:5-15.

视觉化的"中国梦":刘香成与后毛泽东时代的影像中国

图6

注:1982年,北京,邓小平在迎接美国企业家阿默德·哈默的欢迎会上。刘香成摄

这张照片一方面是对人物肖像瞬间的精彩再现,捕捉到了邓小平作为政治领袖之外,同样有着普通人的可爱之处,这让这张原本是政治叙事的图片一下子多了一层温暖的人情味,从而多了一层个人叙事;另一方面它也反映了中国在改革开放之初打开国门接待西方投资者时,对于西方人的种种好奇乃至想象,这种具有时代特征的普遍心理,就连国家领导人也不例外,这张照片中的人物表情和影像在某种意义上也是一个时代隐喻,象征着这一时代的中国已开始进行自我改革与开放,重启现代化与世界化发展的道路。在另一张照片中,1982年,美国前总统尼克松在杭州开往上海的火车上,一改国家总统的庄重形象,像一个服务生一样胳膊上搭着一条毛巾,拎着一桶青岛啤酒送给随行记者,一派轻松欢乐的氛围。1981年,拳王穆罕默德·阿里(Muhammad Ali)游览北京故宫时,面对故宫门前的金狮子伸出了拳头,一副要挑战狮子比高低的样子,他的妻子微笑着从旁而立。诸如此类普通人性的瞬间展现,恰恰由于这些人物的特殊身份而经常被遮蔽,比起标准化与政治化的影像,这些图片显得更加具有人情味和情感体验,因此也更富有视觉价值。正如有人指出的:"刘香成也拍政治人物,没有颂扬,也没有贬低,没有隔膜,他把人当作是人,认识得准确,会有一种辛辣钻到人心里,但又被幽默和寻常化解了,看他拍

开会照片，中国人会有一种莞尔一笑的亲切。"①从这一角度说，即便是有着特殊身份的人物对象，关注和呈现他们身上的普通人情与人性，及其在特定场合的细微反应，进而体察其背后宏大的时代背景和社会变革，是刘香成展开人物叙事乃至国家叙事的核心手段。

  在刘香成的摄影中，无论是市井平民还是国家元首，"人"都是镜头和视觉中的绝对主角，人的肢体语言和面部表情成为作品中最值得玩味的符号元素，包括"他们的眼睛""他们的肩膀""他们走路的方式"，这些意味着"突然间一个新的时代来了，这个时代是一帮人把一个很沉重的包袱放下来……人与人之间的这种关系突然间有一个放松"②，这种个体主义式的语言结构捕捉到了毛泽东逝世之后几年间中国集体政治色彩与个人解放力量之间的胶着状态，以及后者的逐渐释放。因此《毛以后的中国》的影像叙事及其意义生成，直接源于个人主义的话语模式，即所有镜头围绕这一时期的大人物或小人物，用镜头再现真实生动的个体及其鲜活的生命情状，刘执着于在一个时代变革的大背景下，作为社会个体的人受其影响而在特定情境中的表现，他借用《生活》杂志创办人亨利·卢斯(Henry Luce)的话说，"为看清生命……你得去看穷人的脸和骄傲的人的手势……仔细观察，在观察中得到乐趣；在观察中得到享受；在观察中得到提高"③，而这些都是为了发掘一个人的性格特征。因此纵观《毛以后的中国》，主要以日常人物的面貌情境为着眼点，如休息、喝茶聊天、情人约会、锻炼、聚会、学习、买卖，在广场、公园、街头、舞台、商场、车间、校园等，正是这些场景中的普通个体的表情或日常情状，在广度上构成了"文革"结束后中国社会的气象，在深度上透露出后"文革"时代从压抑到释放、从紧张到松弛、从狂热到平静、从"革命的"到"日常的"这一理性回归与秩序重建。

  单个或少数照片中所呈现出的人物景象和社会事实可以说是偶然的，但是当刘香成在《毛以后的中国》里专注于观察、搜集和拍摄这样的人物细节和社会局部真实，并将这些表达事实的实质性题材加以组织和集中，则能够从中建立它们之间的内在联系与共通之处。"从很真实的东西里，通过很多微小的

---

  ① 柴静. 几百个记者对他一起大喊"fuck you"刘香成 有良心的中国政治拍摄者[J]. 人物画报, 2011(12):78-79.

  ② 刘香成——用影像记录中国[EB/OL]. [2012-01-01]. http://tv.cntv.cn/video/C37919/dd2adfade0b94bb7a82ce9c75385a4ff.

  ③ 凯伦·史密斯. 序二：以人为本用影像解读历史[M]//刘香成. 毛以后的中国 1976—1983. 北京：世界图书出版公司, 2011：31-34.

视觉化的"中国梦":刘香成与后毛泽东时代的影像中国

画面和细节来表现一个很大的故事——中国"①,即共同指向和构成了一个20世纪七八十年代巨变中的中国。正如前《纽约时报》北京分社社长福克斯·巴特菲尔德(Fox Butterfield)评价的:"刘香成的每一张照片都陈述着一个客观事实,透露了更多有关中国的真相。他所拍摄的中国,是视角敏锐、饱含深情且反映现实的国家肖像。"②由此形成了关于中国的一种知识建构。因此,一种个体式的镜头语言在《毛以后的中国》的情境再现和历史叙述中起着决定性功能,透过那些代表"重新燃起人文精神"的视觉符码,去观察中国社会格局在历史转折期的微妙转型,感受时代氛围的变迁。

　　进入90年代,刘香成除了继续关注普通个体之外,如上所述,也重点关注和拍摄名人的肖像。尤其是随着21世纪初中国加入WTO,中国面临改革开放以来最大程度的全球化浪潮,这一浪潮中的弄潮儿成为刘观察这个日渐全球化的中国的切入点,上文对此已有所论及,这里不再赘述。与《毛以后的中国》对七八十年代普通个体的叙事照片相类似,《中国梦》里90年代之后大量的名人肖像表明,作者以这种个体主义的叙事机制来探求弄潮儿与新的经济时代、个体命运与国家发展之间的新型交互关系,从人物由内而外的现代性表征来传达社会在又一次重大转型之后的新时代精神,透视中国在新世纪的国际化进程。这种个体主义的话语机制不仅在刘香成的影像中国叙事里一以贯之,并且此时在众多名人肖像的摄影中显得更加明显。

　　如此,刘香成在对后毛泽东时代的中国展开影像叙事时,"鲜活地保持着对社会中人的兴趣,热情丝毫不减"③,将镜头对准社会各个领域中真实生动的人物个体,聚焦其鲜活的生命情状,从他们细微的表情与身体语言中见微知著,因为正是这些形色各异的个体与情态,在广度上构成了30年中国巨变的人文气象,在深度上表征着中国新时期以来追求现代性的历史进程与成就,在整体上形成以微观个体为叙述对象和意义表达的影像话语机制,以此来解读后毛泽东时代之中国这一宏大的历史主题。

　　此外,值得注意的是,在围绕中国展开的国家影像叙事中,刘香成的这种个体主义话语机制与其同时代在国内占据主导地位的"新华体"摄影范式有着

---

① 李梦迪.刘香成:用镜头记录三十年中国梦[EB/OL].[2013-08-06]. http://arts.cul.sohu.com/20130806/n383513232.shtml.
② 妮均辰.刘香成的影像中国[J].今日中国(中文版),2014(2):75-77.
③ 凯伦·史密斯.序二:以人为本用影像解读历史[M]//刘香成.毛以后的中国1976—1983.北京:世界图书出版公司,2011:31-34.

极大不同,前者"重视普通人、重视他们在历史中的位置"①,后者主要以领袖视角和政治叙事为主,这种差异决定了刘的摄影在当时乃至当下都成为一种独特的国家叙事。笔者以为,这种话语机制背后至少有内外二因:一则刘香成所经历的西方教育和摄影经验,使其深受西方人文主义精神的影响,对于中国变迁的观察视角更多着落于社会个体身上,着重于他们在特定历史条件下的语境化和细节化呈现,故而"通过镜头把标准的'西方的思索'带到了中国,却又不失中国气息,还通过一种特殊的方式关心政治,这样的纪实摄影在当时的中国可谓独一无二"②。二则随着20世纪70年代末"文革"结束与改革开放开始,造就了一种宽松的社会氛围与思想环境,这使对现实的反映超越了必须经过政治思维的界限,曾经的政治元素在不经意间被经济所取代,个体话语也逐渐从此前的集体话语及其意识形态中独立出来,受到后者局限的个人心理情感此时随着社会气候的松绑而得到释放,这也为专注于社会个体视角的叙事提供了外部条件。

综上两者,"决定性瞬间"的摄影美学理念和个体主义的叙事视角,共同构成了刘香成有关中国影像的叙事结构和话语规则,这种叙事结构"提供了对它所记录的人物和事件的一种特定的看法,一种取决于它们的表征方法的解释"③,以此为基础,一套独特的国家叙事话语及其意义表征得以形成,而且就像布列松镜头中20世纪40年代末的中国一样,这种独特的结构性影像在很大程度上改变了此前西方乃至国人观看中国的方式,将中国宏大的社会历史变迁落实在各种社会个体的情境表征里,定格于这些人物富有时代意味的瞬间情状之中,从而避免对"中国"这一历史范畴做笼统的评论。

三、从国家到个人:"中国梦"的视觉阐释

刘香成以"中国梦"这一当代主题,来命名他对后毛泽东时代的中国30年变迁的影像表征,并理解一个人文中国如何追求现代性崛起的历史进程。这

---

① 爱德华·S. 克雷布. 新近中国的旧事物——关于私人历史记忆的出版物[J]. 出版广角,2002(6):22-26.
② 刘香成. 毛以后的中国 1976—1983[M]. 北京:世界图书出版公司,2011:封底.
③ 彼得·汉密尔顿. 表征社会:战后平民主义摄影中的法国和法国性[C]//霍尔. 表征:文化表象与意指实践. 徐亮,陆兴华,译. 北京:商务印书馆,2003:77-150.

视觉化的"中国梦":刘香成与后毛泽东时代的影像中国

意味着这些影像从特定的视觉角度为这一当代主题提供了一种意义阐释的路径。基于以上论述,笔者以为,这套影像中国叙事主要从以下两个维度,赋予了"中国梦"以特定的时代内涵与历史合法性。

第一,若以连续快进的方式观看《毛以后的中国》和《中国梦》,这些影像历时性地呈现了中国自改革开放以来发生的微观变化和宏大变迁,其中隐喻着在结束一场曲折动荡之后,中国重新开启自上而下的现代性探索与国家崛起的历史梦想,以及这一梦想在30年间的逐步实现。在这些影像再现的前后两个历史时代,看似平实的日常情境与人事之中均贯穿着不同的历史质感与精神风貌,并在两者的对比与延续中突显时空变换背后巨大的国家进步:从1981年北京北海公园里穿着时髦的青年,到2012年在上海外滩高楼阳台的酒吧里享受下午茶的都市人群;从1976年青年艺术家马德升在广场上发表演说阐述艺术观点,到90年代末王广义、方立钧等艺术家在工作室中进行个人创作,再到21世纪蔡国强、曾梵志等画家举办国际性的个人展览;从20世纪80年代云南思茅时尚的中国朋克,到1996年在闹市街头展示迪奥礼服的上海模特,再到2012年为当代影星范冰冰拍摄时尚照的首席时尚摄影师陈曼;从1981年北京电影制片厂一群年轻的女演员,到90年代的影星周润发、陈红、瞿颖,再到21世纪新一代的影星范冰冰、高圆圆,这些不同时代的人物面貌与精神气象,作为表征那一特定历史阶段的社会文化符号,在时空变换的对比中突显出他们背后整个国家发生的现代巨变,后者不仅是物质层面上的现代化,而且包含精神上的现代性。换言之,这些影像以30年形象化的国家进步赋予"中国梦"以具体可视化的历史内容,象征着这个民族国家在现代性探索中蕴含着巨大的生命力和建设性,围绕毛泽东以后的现代中国构成了一套前后连贯的视觉历史书写。在这种意义上,刘香成跨时空的历史影像首先在国家的维度上赋予"中国梦"以特定的时代内涵:即自改革开放以来,随着这一国家的社会常识与理性精神的重建,中国在此后的30多年间从物质建设到精神文化发生的持续变革与转型,它以社会诸领域的进步为表征,正在逐渐实现这个国家的全面现代性质变,正如一位西方批评家所说的,过去30年,是这个国家3000年来过得最好的生活。[①]

第二,刘香成对中国的拍摄,基于其自身自50年代起对新中国不同历史阶段的经验感知,又融入了西方人文思想传统中的个体观念,从而赋予"中国

---

① 阙政.刘香成:"中国梦"三十年前已经开始[J].新民周刊,2013(95):60-63.

梦"独特的个体性内涵：上述内在于社会变革中的宏大"中国梦"，并非停留在抽象的历史概念层面，而是细致地落实于身处时代变革大潮中的无数社会个体及其梦想追求上，这意味着"中国梦"是由历史巨变中无数普通的社会个体及其个人梦想所构成的。若以慢镜头的方式逐一观看《中国梦》的100多幅照片，对比前后两个时空的人物影像，观察他们的肢体语言、面部表情、个人情绪、生活与工作细节，它们包含的正是中国人在时代变革中生发梦想并逐渐实现的过程。在上述1979年上海豫园茶室的照片中，退休老人们喝茶聊天的场景似乎在安东尼奥尼的纪录片《中国》中似曾相识，不过在刘香成的镜头前，人们那种悠然自得的神态与氛围已与面对安东尼奥尼镜头时的警惕截然不同；在更多的照片里，人们开始享受逛街、购物、游玩、美发等各种生活内容，无论是在工作场合还是日常生活场景中，人们的自我呈现方式，从外在的面容表情和肢体姿态到内在的心理情绪，与此前以政治挂帅、阶级斗争为纲的年代相比，已发生了细致微妙的变化。"他们的神态和1969年的中国不同了，他们的身体语言表明他们放松了，阶级仇恨减弱了，他们把包袱放下来了"[①]，社会理性的回归和日常生活的正常化，使中国社会正从一种公共的、集体性话语逐渐分裂出无数私人的、个体性话语，从一种宏大的集体叙事逐渐分裂出微型的个体叙事，其背后是多元化的对自我的追求。因此，此时"中国梦"的另一层含义及其历史来源在于，当人们从政治运动与阶级话语建构的集体主义"大我"中解放出来后，他们的表情与行动都暗示了个性化的小我对事业、生活、娱乐、时尚、情感等个人梦想的追求与实现过程，这正如上文论及的一幅代表性照片所隐含的寓意：在巨大的毛泽东塑像下面，一个滑旱冰的青年正伸展出他初飞的羽翼，踩着旱冰鞋做出奋力飞翔的滑行姿态。这不仅象征着一个重新起飞的伟大中国，而且隐喻着这个国家里个人梦想的起飞与追逐。

　　从20世纪80年代到90年代的中国，经历了从计划经济到市场经济、集体主义到个体主义的渐变转折，其中蕴含的个体意识不仅是五四时期启蒙传统的遗产，而且也是伴随新时期改革开放、西风东渐而生的第二次思想启蒙与个体解放的产物，并在90年代市场经济转型以来，直至21世纪繁荣的商业主义思潮中日益突显出来。因此在20世纪90年代后半期的部分影像中，刘香成更加有意识地以商业、艺术、影视、媒体等社会各个领域中的名流为拍摄对象，从他们身上捕捉"中国梦"所表征的对个体价值的自由追求。此外，在《中

---

① 许知远.刘香成的中国叙事[J].东方艺术,2009(17):138-149.

国梦》的前后影像中,与七八十年代相比,90年代到21世纪的人物肖像从衣着打扮到气质精神,由外而内均显出更加强烈的现代感与个人性,如摇滚歌手何勇当众摔吉他的叛逆、导演陈凯歌深沉的眼神、演员瞿颖大胆妩媚的身姿等。如果说80年代初的中国人缓慢地重启个体意识,开始对个人朴素梦想的追求,那么90年代至今,这种个体主义意识发展得更加成熟、理性,不仅体现在当代人的表情和身体上,而且深入整个社会的内在肌理成为生活方式和思想精神的一部分,构成当代中国的重要理念价值,从而更加鲜明地延续着"中国梦"的个体性内涵。因此,刘香成镜头下横跨30多年的人物影像,从视觉上具体表征了国人在个体性的观念意识上,如何在身体与心理上经历从质朴到成熟的现代过程,一个宏大的"中国梦"如何在每一个人身上展开多元的个性塑造与意义彰显,并在无数个人梦想的追求中不断更新与延续,正是这些个人梦想的追求与实现过程构成了中国梦的个体性内涵:"'宏大叙事'的国家梦,也是'具体而微'的个人梦……每个人都是'梦之队'的一员,都是中国梦的参与者、书写者。"①

另外,同样重要的是,这些影像在从上述两个维度建构和阐释"中国梦"内涵的同时,实际上也追溯和赋予了这一当代主题以重要的历史合法性:"中国梦"作为个体梦想的集合,并非只是因应当下中国国情的当代话语,它其实在改革开放重启现代性的探索之时即已开始酝酿,自七八十年代那些从集体主义话语中解放出来的无数个体开始,或许此时的"中国梦"还处于时代与个人的潜意识层面,由影像中无数的日常情境、新的肢体语言、人物情绪等细节构成,但是90年代至今,随着社会与个体理性的日渐成熟,从一个集体主义的中国转向兼具个体意识的中国,这一带有鲜明国家与个人印记的"中国梦"逐渐浮出历史地表,由此前的潜流逐渐变成当下鲜明的时代主题。

总而言之,摄影是历史的存在记录,刘香成镜头下的中国就是过去30多年国人生发和实现梦想的过程,这些影像从国家与个体、宏观与微观两个维度,为"中国梦"的内涵及其合法性提供了历史阐释与图像证明,以视觉化的方式填充了它在30多年发展脉络中的诸多细节,并且赋予它以人为本的情感与温度。所谓"中国梦",其来源与内涵以一种视觉表征的方式,业已体现在刘香成的影像中国叙事里:在历经30年变革的现代性追求中,产生了强大的国家基础、日益现代化的社会生活,以及生活于其中的每个人对于自我梦想的追求。

---

① 中共中央宣传部.习近平总书记系列重要讲话读本[C].北京:人民出版社,2016:9.

四、视觉叙事下的"中国"版本

摄影本质上是一个符号化的编码过程,是"遵循某种范式结构的实践和审美价值的一种机体",这决定了摄影,尤其是纪实摄影具有一种模棱两可的二重性:既有作为客观表象的纪实性,又包含一种主观性的阐释。作为历史文献的一种类型,纪实性摄影范式受反映论表征方法的支持,认为机械的"相机眼"就像是一面反映世界的镜子,相机是一种内在地具有客观性的表征媒介,它赋予其所创造的照片形象以一种纪实的客观性,即照片提供了某物事实上的客观表象,具有纯粹的信息价值,是某种非个人化的合法证据和客观记录。正如世界摄影艺术史学家博蒙特·纽霍尔(Beaumont Newhall)所言:"照片具有作为根据或证据的特殊价值。"[1]与此同时,即便是纪实摄影,对于拍摄题材与方法的选择都不可避免地渗入了摄影师个人的动机,由此把特定的意义和价值编码注入形象,当这些形象被从它们原本所在的历史时空和叙事顺序中截取出来,就意味着摄影师必须对这些形象与题材以及它们的优先性做出自己的构造与阐释,甚至"使得那些未被看见的、未被知道的和忘却了的变得清晰可见"[2],这是纪实摄影的意向论的表征方法。合而言之,纪实摄影既可被看作是用客观性的媒介记录社会历史事件,也可被看作是对社会历史事实的主观表征,既是历史的见证,又是历史的阐释与建构,如此客观真实性和摄影家的主观洞见、事实与情感以摄影特有的模棱两可性毫不冲突地结合在一起。刘香成这些纪实性的中国影像也不例外,而且"中国"作为一个复杂动态的历史范畴,任何一种媒介都难以对其做准确全面的描述,而毋宁说是以一种特定的媒介形态所作的话语叙事与历史建构。在此意义上,基于以上三个问题的论述,刘香成用一套具有历史性的视觉话语记录并建构了一个特定版本的"中国"。

一方面,从作为客观表象的纪实而言,刘香成的新闻纪实摄影以一种蕴含

---

[1] 彼得·汉密尔顿.表征社会:战后平民主义摄影中的法国和法国性[C]//霍尔.表征:文化表象与意指实践.徐亮,陆兴华,译.北京:商务印书馆,2003:77-150.

[2] Margolis M F, Jussim E. Eyes of Time: Photojournalism in America[M]. Little, Brown Published in Association with the International Museum of Photography at George Eastman House,1988:106.

视觉化的"中国梦":刘香成与后毛泽东时代的影像中国

时代特征的视觉符号,记录了现代中国史上一个重要阶段的时空流变,客观再现了改革开放30年来中国社会发生的种种变化。更重要的是,无论与同时代国内同行遵循的讲求"视觉卫生"的"新华体"摄影范式,还是西方摄影师偏于猎奇与美学眼光下的中国相比,刘镜头下的中国影像都更加真实地切中历史的纵深脉络与社会的横断面,因此有学者称其为"迄今为止对中国一个时代的最完整、最深刻和最彻底的记录者"①。

另一方面,就作为主观阐释的纪实性而论,刘香成以其特殊的中西混合的身份经验和历史立场,又受到西方人文主义思想的影响,形成了他观察和感受后毛泽东时代中国的人文视角,加之"决定性瞬间"的摄影美学,这些因素决定了他摄影的内容与形象不仅是他选定放在镜头前的,而且牵连到他对题材和事件的解释,其中内含着他特有的摄影风格乃至情感态度看。从叙事学的角度看,这些影像实际上提供了一系列具有时代内涵的视觉符号和特定的叙事逻辑,它们共同构成了一套有关中国历史经验的视觉叙事,后者与文字版本的中国叙事截然不同。当文字书写在历史叙事中面临"书不尽言,言不尽意"的媒介有限性时,视觉影像则以"立象以尽意""尽意莫若象"的意指实践成为另一种有效的媒介话语。20世纪在文化层面经历了"图像转向"(the pictorial turn)或曰"视觉转向"(the visual turn),这一"历史性的转变"是"从文本到图像的含义递增"②,与抽象的文字符号相比,视觉叙事将复杂的历史经验再现于那些富有意味的具体影像里,后者在直观可感的同时又是富有意义指涉的证据材料,有着丰富的符号阐释性,不仅"可以让我们更加生动地'想象'过去",而且"我们与图像面对而立,将会使我们直面历史",③透过图像的细节处直达历史的现场或本质。在此"视觉转向"的意义上解读刘香成的影像中国,不仅能从图像视角直观30多年来一个不断现代化的中国,将其不同阶段的社会变革与内在的人文精神,从紧张到松弛,从封闭到开放,从本土化到国际化,从集体主义到个体主义,即一个现代性和全球化的过程,以各种图像、符号、姿态、表情、场景等方式表征出来,而且能够唤起一代甚至几代人的历史经验与集体记忆,将之作一种视觉上的意义呈现,如"文革"余绪、改革开放、思想解

---

① 连清川. 刘香成眼中的中国[EB/OL]. [2011-06-20]. http://www.ftchinese.com/story/001039158? page=2.

② Roland Barthes. The Photographic Message [C]//Susan Sontag. A Barthes Reader. New York: Hill and Wang, 1982: 204-205.

③ 彼得·伯克. 图像证史[M]. 杨豫, 译. 北京: 北京大学出版社, 2008: 9.

放、市场经济、个体意识、全球化、中国梦等不再是抽象的历史名词,而是自然而然体现在那些突出的、具有视觉张力的影像中,以具象阐释抽象,而不是像文字解释图像那样以抽象解释具象,正如有评论所言,刘香成的照片所记录下的中国30年变化的复杂性,是任何西方理论都解释不了的①,其本质上的视觉性与主观阐释性,为现代中国的意义生产和建构提供了另一种媒介途径和版本。

"有人说,来中国3个月,可以写一篇文章;3年,可以写一本书;30年,你也许就不出声了,因为情况太复杂。"②诚如此言,"中国"这一历史范畴的复杂性远远超越任何一种媒介的叙述能力,在此前提下,刘香成镜头下的中国之所以具有广泛的影响力,部分在于其叙事话语的特殊视野:既以一个局外人的人文关怀,把西方式的人文思索带到中国,保持一定距离来观察时代巨变下的个体景观;又以一个局内人的历史记忆与眼光,充满中国人的感情,捕捉这种个体人文在社会变迁中细腻的情感表达与微妙的心理变化,这两种视野的融合表征了一个熟悉又陌生化的"中国"版本。同时代前后也有其他中西方摄影记者拍摄中国,但由于政治或文化差异的原因,他们的照片过于程式化、标签化或戏剧化,再现的中国"要么就是太多浪漫,充满了热情,要么就完全相反,或是黑暗无光,或者被符号化地一片一片的人充满着笑脸和土地,或者是坚持主流的七分正确三分错误"③。客观比较而论,刘氏版本的"中国"主要以平实的镜头见微知著,着重在日常生活与普通人物的细节处瞥见一个改革开放后沧桑巨变的中国,力图呈现一个断裂与恢复、落后与开放、困惑与希望、传统与现代并存的国家状态与人物情感,是一个尚不曾被认真解读和探讨过的、在现代性追求中探索与胜利并行的"中国"。

综上,一切当代的经验现实皆为历史的产物,因此倘若没有对历史的认知乃至想象,就无法理解当代中国的本质。苏珊·桑塔格(Susan Sontag)曾指出,"如今,摄影影像提供了人们了解过去的面貌和现在的情况的大部分知识"④,这一论断在当今的视觉文化时代甚至有过之而无不及。刘香成进行影像中国叙事的总体策略是:"中国是一个很大很大的故事,有无限的可能。我

---

① 潘恒,柯译然.刘香成:细节中的影像中国[N].(香港)文汇报,2013-08-27(A31).
② 阙政.刘香成:"中国梦"三十年前已经开始.新民周刊[J].2013(95):60-63.
③ 刘香成.中国,一个国家的肖像[J].数码摄影,2009(1):30-31.
④ 苏珊·桑塔格.论摄影[M].黄灿然,译.上海:上海译文出版社,2015:8.

只能用很小很小的细节,来讲述它。"① 这种微型切片的影像再现方式有效避免了对中国进行宏大抽象的建构,在集体记忆中为国家历史增补了一份独特的实景图片。在这种影像思维和叙事视野下记录和建构的"中国"版本,不仅正在改变和扩充新中国影像的历史,而且将进一步影响我们自身与西方观看、理解"中国"的内容与方式。

---

① 许荻晔.刘香成,这是中国人的共同回忆[J].新世纪周刊,2009(24):80-87.

"中国性"与东方学：马克·吕布的影像中国叙事

2016年8月30日，93岁的法国摄影师马克·吕布(Marc Riboud)逝世。这位摄影师因为与中国长久而特殊的历史联系而再次成为国内摄影界和相关人士关注的焦点，怀念马克·吕布的文字围绕他丰富的摄影经历，强烈个人风格的摄影美学，尤其是他所拍摄的中国影像展开了各种叙述，"摄影大师""纪录中国""中国情缘"等话语构成了其中重要的内容。

1923年6月，马克·吕布出生于法国里昂附近的小镇Saint-Genis-Laval。这位"游走的摄影师"一生具有传奇般的摄影经历。他最初的一批照片是在1937年巴黎世博会期间，用他父亲在他14岁生日时送他的柯达相机拍摄。1951年，马克决定放弃工程师的职业而投身摄影事业，次年搬到巴黎后遇到了摄影大师亨利·卡蒂埃-布列松(Henri Cartier-Bresson)，后者教马克使用一个旧的取景器学习拍摄。马克·吕布带着它在埃菲尔铁塔上拍摄一个正给铁塔刷油漆的工人，这名工人头戴帽子，嘴里叼着香烟，站在铁塔上舒展着肢体，形态不像是在工作，而像是一个身在半空中的轻盈舞者。这幅名为《埃菲尔铁塔油漆工》(*a painter on the Eiffel Tower*)（图1）的照片后来发表在《生活》(*Life*)杂志上，使马克·吕布一举成名，这也是他的作品第一次在媒体上公开发表。同年，受邀于布列松和罗伯特·卡帕(Robert Capa)，马克加入玛格南图片社成为一名职业摄影师。此后，马克开始了60余年始终在路上的摄影生涯，足迹遍布中东、南亚、东亚、东欧、北美和非洲，其间看过红色政权的社会主义中国，先后几次造访前苏联，参加过法国抵抗运动，拍摄过1968年巴黎的"五月风暴"，记录了20世纪50—60年代阿尔及利亚和西非的反殖民独立运动，在越南战争期间，他是唯一获准进入越南拍摄的摄影师，也是少数能任意往来于南北的人之一。终其一生，马克·吕布是一位不折不扣的旅行摄影家，先后出版了三十多部摄影作品。这其中还包含了马克·吕布的另一张代表作品，《枪炮与鲜花》（图2），照片捕捉到了一个特殊的动人瞬间：在1967年的美国五角大楼前，一名反对越南战争的女子面对持枪警戒的士兵，将一朵鲜花献给他。

"中国性"与东方学：马克·吕布的影像中国叙事

图 1
注：埃菲尔铁塔油漆工。马克·吕布摄

图 2
注：枪炮与鲜花。马克·吕布摄

一、马克·吕布的中国情缘

在美国杰出的新闻摄影师玛格丽特·伯克·怀特（Margaret Bourke White）于 20 世纪 30 年代报道了大量苏联的照片之后，很多西方摄影师如恩斯特·哈斯（Ernst Haas）、布列松等，开始关注和拍摄更遥远的地区所发生的事，这当中也包括马克·吕布，他们都将镜头对准了远东地区。

在马克的个人网站上曾这样写道："中国可以说是他拍摄最多的国家。"①在所有拍摄中国的外国摄影师中，马克·吕布可谓是知名度最高的人之一：一方面，马克·吕布是新中国成立后较早进入中国拍摄的西方摄影师②，并且是第一位获准拍摄中国领导人的西方摄影师。从 20 世纪 50 年代以来直至 21 世纪初，马克 50 多年间前后 22 次访问中国，拍摄中国的时间跨度最长，记录了中国半个多世纪的起伏跌宕，因此也留下了最多和最广泛的中国影像。这些影像文本在客观上反映了半个世纪以来一个新兴红色中国发生的历史性变革，在表征中国的现代性进程层面，具有历史档案的意义，正如有西方媒体评价，"他拍中国比任何一位国际摄影师都多"，"如果要看 1949 年以后的中国，就给他看马克·吕布的照片"。③ 而国内同行对马克的中国影像也做出了高度评价，认为他的作品是"所见到的老外拍中国，拍得最深入、最真实、也最富有人情味的照片"，他"用自己的摄影画面最直观、最形象、明白无误地向世界介绍了中国，介绍了中国人民的漫长经历"，用"广泛的题材、深刻的主题、精确的语言""拍出了时代特征，拍出了历史风貌"，"是一位成功报道中国的摄影大师"，④由此而形成了马克与中国的历史情缘。另一方面，在中国，马克·吕布一直被当作纪实摄影的"教父"来谈论。早在 1989 年，国内的《摄影》杂志就用 11 页的大篇幅刊登了马克拍摄的中国照片，第一次介绍他的中国之行，并将

---

① 参见马克·吕布的个人官方网站 http://marcriboud.com/zh/.

② 一种流行观点是将马克·吕布称为新中国成立后首位获准进入中国拍摄的西方摄影师，但实际上，另外一位新西兰摄影师汤姆·哈钦斯（Tom Hutchins）在 1956 年即到达中国拍摄，他的作品与同一时期马克·吕布的作品有些相似，二人都刻画了 20 世纪 50 年代中期中国的平静、乐观。

③ 詹皓.50 多年，拍出别开生面的中国[N].新闻晨报，2016-09-01(B11).

④ 胡武功.马克·吕布的魅力[N].人民摄影报，1993-07-07.

"中国性"与东方学：马克·吕布的影像中国叙事

他作为纪实摄影的标杆推介给中国摄影界。80年代末，中国摄影界正处于求新求变之时，不仅力图摆脱官方正统的新闻宣传的摄影模式，而且也在反思民间日趋唯美而商业化的沙龙摄影，转而探讨如何关注社会底层生活和表现人性等主题内容。此时马克·吕布的摄影作品被介绍进中国，在他的摄影经历和作品中，马克以人文主义的眼睛观察日常社会，敏感地拍摄当地人的生活变化，抓住个人在历史背景中的生动细节与独特气质，善于通过一些日常生活的细节瞬间，去反映一些具有重大意义的社会内容，和一个国家的历史变迁。这种对日常性的敏感观察成为观看被宏大叙事所忽略和遮蔽之社会历史的重要视角。例如，在1957年马克第一次来到中国期间，他被安排去参观建设中的武汉长江大桥，然而他并非如官方意愿那样去拍摄长江大桥的雄伟英姿，而是将镜头对准了桥下破败的帆船。相较于宏伟的国家工程，生民的生存状态更多地引起马克的注意，构成其摄影的主题内容。马克以人文视点去观察周边日常生活的摄影，弥补了中国在这段历史发展过程中，某些真实社会瞬间与生活状态的缺失，以此促使中国摄影路径与艺术风格的转变。换言之，他的这种摄影理念及其手法，照片所包含的人文关怀和人道精神，为改革开放之后的中国摄影界带来了新的观察视角和内容、摄影语言与技巧，以及摄影指向的精神维度，成为中国摄影师直面和记录生活的重要启蒙。总之，在中国摄影的80—90年代，马克的作品以西方富有人文主义色彩的情怀和平实自然的风格，向中国摄影师阐释了什么是"纪实摄影"，正如有评论指出，他"把个人视角带给了中国摄影家，把一种对摄影的知觉和敏感、对摄影近乎着魔的热情带给中国摄影界。他的拍摄手法在20世纪80年代末的中国纪实摄影界占据主导位置，产生了恒久而巨大的影响"[1]，正因为此，中国纪实摄影的发展总是与马克·吕布联系在一起，后者的作品也成为中国纪实摄影的一个标杆，这是马克·吕布中国情缘的另一内涵。

自1948年布列松拍摄蒋介石统治下的中国之后，很少有外国摄影师拍摄过一个进入现代历史阶段后的中国。布列松在通信中告诉马克："尽可能多在中国停留，还没有曾经好好地拍过平实的中国。"[2]1956年年底，马克·吕布有幸通过周恩来获得了红色中国的签证，他从印度辗转香港坐火车来到广州，第

---

[1] 马克·吕布.我见：马克吕布纪实经典[M].孟蕤，译.北京：世界图书出版公司，2015：出版后记.

[2] 马克·吕布.马克·吕布：东方印象[M].北京：北京美术摄影出版社，2012：序言4.

媒介中国——现代性的媒介话语叙事
China in Media: Media Discourse Narration of Modernity

一次踏上中国的土地,在1957年1月1日从香港赴广州的火车上,他拍摄了关于中国的第一张照片(图3):一位在火车上的中年妇女,身穿黑色衣裤,左手拉着座位的椅背,右胳膊靠在左胳膊上,头斜靠在右胳膊上,脸上若有所思。马克为这张照片写的说明,记录了当时他对中国和中国人的第一印象:

> 这是我在中国拍的第一张照片。这是1956年的年底,在从香港到广州的火车上,穿越边境时拍摄的。换言之,是我在从一个世界进入另一个世界时拍摄的。从所带的行李判断,这个身穿黑衣的妇女是农民,虽然她那种成熟的优美让人觉得她是在城里生活的。人们看到的亚洲某些地方的人,是连一点人的尊严也没有的,他们往往处在一种完全被抛弃的状态,而这张照片立即完全改变了这种印象。像其他访问中国的人看到的一样,我的第一印象,就是感到毛泽东给中国人身上注入了一种尊严感。①

正如有外国媒体对这张照片做的形容与评论:在"动乱中看见优雅的东方美"②。这位女农身上"成熟的优美""优雅的东方美""尊严感"等,可以说极大挑战了此前西方人对中国认知与想象中的基本"常识",后者作为东方学的一种悠久传统,可以一直追溯至19世纪40年代的鸦片战争时期,而自新中国成立之后尤甚,直到1964年中法两国正式建交之前,在这段东西方的外交冷战时期,西方资本主义社会对这个新兴的社会主义国家不仅一无所知,并且充满敌意,就像马克·吕布在采访周恩来时所得知的,1954年时任美国国务卿的杜勒斯在与周恩来见面时拒绝与周握手,原因是他不想握一只共产主义的手,西方对红色中国的偏见敌意可见一斑。正是在此历史背景下,马克这张照片可谓向西方提供了一种全新的东方视觉经验。此外,从另外一个角度,在20世纪五六十年代,当中国本土的摄影还主要作为政治宣传中的匕首和投枪时,马克则用另一种眼光,以充满温情的镜头语言拍摄碎片化的生活瞬间,给中国各阶层的社会生态留下了一些朴实的历史剪影。在此后的行走拍摄中,马克从城市到乡间,坐火车从南向北一路穿越整个中国:"从广州到北京,坐火车

---

① 南无哀.东方照相记:近代以来西方重要摄影家在中国[M].香港:香港中和出版有限公司,2017:448.

② 李玥.马克·吕布:我喜欢看着一个国家长大[N].中国青年报,2016-09-23(09).

"中国性"与东方学：马克·吕布的影像中国叙事

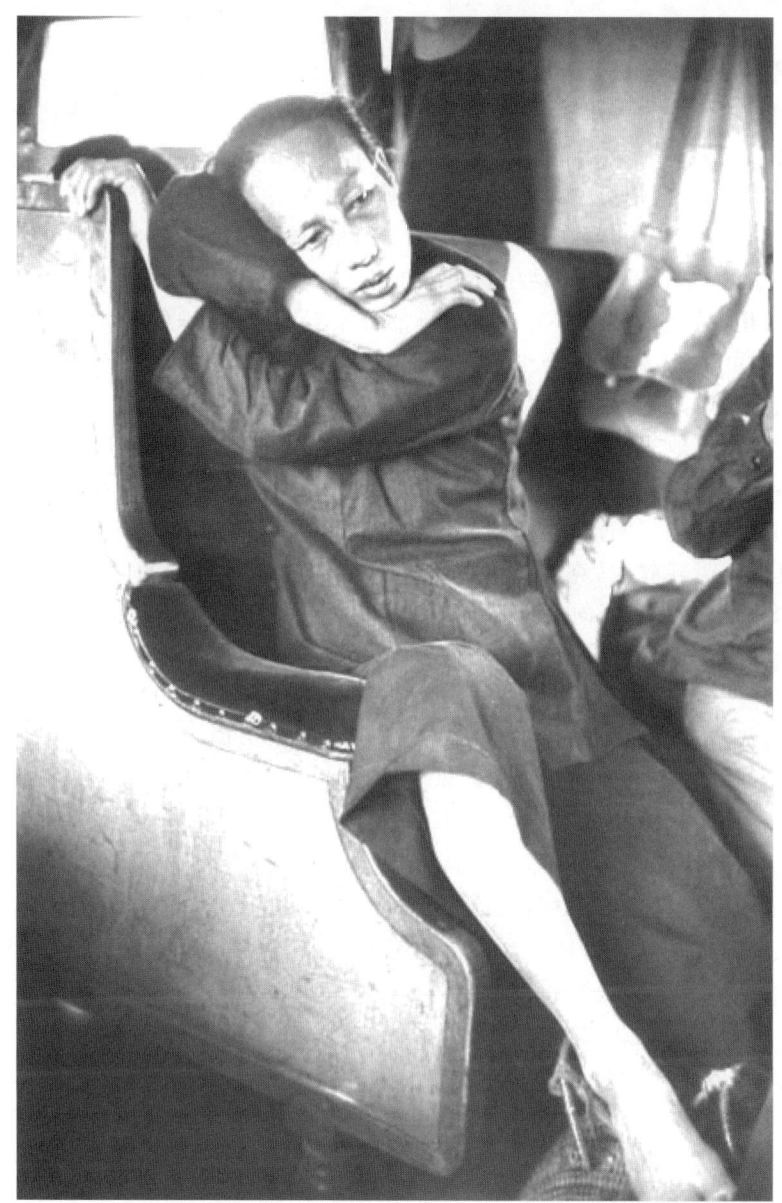

图 3

注：在火车上的中年妇女。马克·吕布摄

要2~3天,南京长江大桥还没有建起,火车到了江边,我们还要坐船渡江。在重庆,第一次坐上了中国的飞机。"① 1965年,马克第二次来到中国并长时间停留,不仅拍摄到北京天安门前反对越南战争的游行,而且看到了"文化大革命"初端的街头景象。1966年,马克将1957年、1965年两次中国之行拍摄的照片结集出版,命名为《中国的三面红旗》(Three Banners of China,1966),这是第一部由西方摄影师拍摄新中国并在西方产生广泛影响的摄影集。在马克·吕布看来,了解中国最好的方式就是观察,自20世纪90年代起,他几乎每年都要返回中国拍摄,对于中国社会前后几十年来的纵向变化,马克·吕布作为一个持续的外来者,具有特殊的观察视角与敏感性。通过坚持不懈对社会细节和日常瞬间的观察,了解新一代的中国人如何生活和思考,其生活和思考的方式在几十年的变革中又发生了什么巨大变化。如此,他的观察贯穿了红色中国长达半个多世纪,从形形色色的普通民众到国家领导人,拍摄过毛泽东、周恩来、邓小平,看过传统的长衫、布袄,再到毛服、列宁装,直至时兴的的确良衬衫,也见证过"大跃进""文化大革命"直到改革开放,马克总结这些观察时说:"我爱我看到的所有一切,美好的脸庞,泛着古旧光泽的工具,还有广阔和奇特的风景。我看到整个民族已经从屈辱走向尊严。"②

中国美术馆在2006年10月举办"马克·吕布摄影中国40年"的大型个人展览,马克的老师布列松在为展览写的题铭里说:"没有什么能比把一个国家同她自己相比较,抓住差异并试图连贯其间的脉络更说明问题。"③马克从1957年年初第一次进入中国开始直到21世纪初,50多年间20多次的访问和拍摄,目睹和经历了从毛泽东时代到邓小平时代直到当代的巨变,将半个多世纪以来中国从传统走向现代,从封闭走向开放的历史性变化连贯起来并加以对比,这在众多摄影师关于中国的影像拍摄中是不多见的。在长达半个世纪的观察和拍摄中,马克·吕布有关中国的影像文本除了上述的《中国的三面红旗》之外,还包括:《中国的视界》(Visions of China:Photographs,1957—1980,1980)、《黑白中国》(China in Black and White,1996)

---

① 徐佳和.93岁法国摄影师马克·吕布去世,他见证了新中国的变迁[EB/OL].[2016-08-31]. http://www.thepaper.cn/newsDetail_forward_1522204.
② 参见马克·吕布的个人官方网站 http://marcriboud.com/zh/.
③ 曾焱.马克·吕布:有一种观看,我们已经陌生[J/OL].[2017-07-12]. http://weibo.com/ttarticle/p/show?id=2309404014604379394246.

《马克·吕布在中国:四十年摄影》(Marc Riboud in China: Forty Years of Photography, 1997)《明日上海》(Tomorrow Shanghai, 2003)等。国内摄影家胡武功从"瞬间与永恒"这一对立性的摄影美学角度,评价了这些纪实摄影,认为马克的中国影像在瞬间画面中产生永恒的价值和意义,在日常生活的细节中反映整体的社会与政治背景,通过细节变化去发现和理解中国人内心理想与价值观念的转变。① 特别值得注意的是,"中国社会的影像在某个历史阶段对于真实的被迫缺席,由马克·吕布用他持续的观看补充完成了"②,尤其是他照片中反映出某些特殊历史时期的社会现象和生活状态,中国摄影师完全忽略或不得不忽略,却通过他这个外来者的镜头保留了下来。例如,马克拍摄的1965年中国美院雕塑系课堂上尚未遭到取缔的人体模特,他们很快就将在中国的美术教育中消失,直到20年后重新出现时,仍不免受到社会舆论的抨击和歧视。同样在1965年的北京大学,马克拍到了周末舞会上戴着口罩跳舞的女学生,这种场面也将告别普通中国人的生活长达20年。诸如此类特殊的影像记录正如胡武功所指出的,马克"更注重寻求更利于认识与理解中国的那些具备细节特征的'决定性瞬间'",它们"交还给人们一个真实而形象的业已逝去的'不在',使人们从早已消失的'不在'中,神奇地目睹和了解中国的过去"。③ 从整体上看,这些影像文本不仅以视觉形式表征了中国社会从"毛时代"向"邓时代"的现代性转变,叙述这一转变过程中的曲折、艰难与冲突,与此同时,这些影像也在不断打破西方对中国刻板的历史"常识"与他者想象,将一个真实朴素而出乎意外的中国呈献给西方。这正是马克·吕布及其中国影像的重要意义。

二、马克·吕布眼中的中国与"中国性"

罗兰·巴特曾针对1950年《巴黎竞赛》上的一张封面照片进行符号学

---

① 胡武功.瞬间与永恒——兼评马克吕布的《中国所见》[J].新闻知识,1993(10):30-31.

② 曾焱.马克·吕布:有一种观看,我们已经陌生[J/OL].[2017-07-12].http://weibo.com/ttarticle/p/show?id=2309404014604379394246.

③ 胡武功.瞬间与永恒——兼评马克吕布的《中国所见》[J].新闻知识,1993(10):30-31.

分析,进而探讨该照片"形象内的视觉要素的显现和编码是如何产生出某种特定的法国和法国社会的观念的"①,循着这一先导性研究,英国学者彼得·汉密尔顿(Peter Hamilton)特意选取1944年巴黎解放至20世纪50年代末,有关战后法国社会重建时期的图片摄影报道,探讨"此类表象在为该民族重新定义'法国性'方面所起的作用"。巴特与汉密尔顿这类研究的价值在于,通过考察摄影图片中包含的视觉符号,分析它们围绕一个民族国家显现和表述了一个什么样的历史形象、历史观念、历史内涵等,而后者又是如何通过一种"支配性的表征范式的形式和内容"②被建构起来。这里值得注意的是,借用汉密尔顿"法国性"的概念,一种图像叙事在某种意义上可以表述乃至定义一种"国家性",即一个国家特定的历史形象、历史观念和历史内涵等。从这一角度,马克·吕布对中国长达半个多世纪的持续拍摄更是如此,作为一种图像性的表意媒介,那些照片是一套历史性的图像叙事,围绕一个特定时代的中国进行"中国化"叙事的视觉话语,针对特定历史时期的"中国"范畴展开一种有关"中国性"(Chineseness)的表意实践。

马克·吕布曾这样描述自己长达半个多世纪的摄影历程:"我是个拿着小照相机走路的人。我不停地仔细观察周围的东西,有时候会拍下些无关紧要的细节。那使我很着迷,但我并不创作故事。我只是个琐碎细节的收藏者。"③与之相联的是他的另一种摄影观念:他讨厌"见证"这个词,并不认为自己拍的纪实照片是在见证历史;"我到世界各地去,绕绕地球,做的是很简单的事,不能用这些冠冕堂皇的字眼。"④这意味着,马克在20多次往返中国的拍摄中,并无意于以一种连贯的影像集群去记录半个多世纪中国的历史变迁,并由此形成一套影像中国叙事。然而,从另一个角度看,由于他几十年相对持续的拍摄,以及贯穿其中的个人摄影风格,使这些影像无论就其拍摄内容,还是拍摄手法而言,都不可避免具有一种内在的历史关联性和视觉表意功能,它们代表了马克对几十年中国变革的历史眼光与内涵理解。换言之,虽然无意于记录和见证,甚或这只是马克的过谦之词,但这些影像由于其内在的历

---

① 彼得·汉密尔顿.表征社会:战后平民主义摄影中的法国和法国性[C]//霍尔.表征:文化表象与意指实践.徐亮,陆兴华,译.北京:商务印书馆,2003:77-150.
② 彼得·汉密尔顿.表征社会:战后平民主义摄影中的法国和法国性[C]//霍尔.表征:文化表象与意指实践.徐亮,陆兴华,译.北京:商务印书馆,2003:77-150.
③ 路斐斐.马克·吕布 收藏"琐碎细节"[J].三月风,2009(5):58-59.
④ 詹皓.50多年,拍出别开生面的中国[N].新闻晨报,2016-09-01(B11).

"中国性"与东方学:马克·吕布的影像中国叙事

史关联性和视觉表意功能,无论就其影像本身而言,还是在当时跨文化传播的历史语境下,在客观上都起到了建构中国形象、表述中国内涵这一国家话语叙事的作用,甚至于,中国社会某个历史阶段的真实存在及其影像,由于某种原因而被迫缺席,此时由马克·吕布用他持续的观察补充完成了,尽管他不是有意在进行历史记录,正如他自己的名言:"摄影无法改变世界,但能够展示世界,尤其是在世界本身不断变化之时。"①因此说,马克·吕布的这些影像以特定年代的图像符号及其编码方式,在再现历史时空细节的基础上,去表征这个国家在20世纪后半叶以来的现代性探索中,在不同历史时期所呈现出的"中国性",在马克眼中,正是这些特定的"中国性"内容,充实、界定并赋予了"中国"这一历史范畴在时代变迁中的本质意涵。

1980年,马克在他出版的第二本中国摄影集《中国的视界》的前言中说:

> 我是摄影师,而不是汉学家。我在中国走啊走,看啊看,拍了不少照片。我还喝了很多茶,听了很多当时官方冗长的报告……所到之处我看到并喜爱这些美丽的面孔、工具上的陈年铜绿、浩瀚又有些奇特的景观,到处都有一种尊严,取代了20世纪几乎整个民族的耻辱。②

这里强调的,不仅是20世纪的巨变"取代了19世纪几乎整个民族的耻辱",更重要的是,马克不同于汉学家在文献典籍中扒梳、研究和描摹一个文字式的中国及其抽象的历史特质,他是以亲历者和观看者的视觉感受,观察、表征和建构一个直观视觉化的中国,通过诸多具有时代性的图像符号去阐释这个中国的历史内涵与东方特质,即一种直观、视觉化、历史性的"中国性"。正是这一在他眼中异于西方地理风物与社会文化的"中国性",一方面产生了吸引他不断返回东方国度的诱惑力与影响力,如其自陈:"我非常热爱东方,远远超过我们的城市,或者我们成长的家乡。我们总是被相反的、不同的东西所吸引。当我到东方时,我发现东方确实是一种完全不同的文化、思考方式、行为和文化都截然不同。"③就像北京王府井那些蜿蜒交错的胡同,对于当时年仅

---

① 跟着马克·吕布拍中国:肖全著[N].渤海早报,2016-07-16(15).
② 林月白.马克·吕布的中国情缘[N].海南周刊,2016-09-05(B10).
③ 张曼.马克·吕布:"我确实无法掩饰对中国的喜爱"[J].今日中国(中文版),2010(7):58-59.

33岁的法国青年马克而言,充满着东方建筑特色和吸引力。另一方面,包括北京胡同、街头庙会、杂耍艺人在内,也即"这些美丽的面孔、工具上的陈年铜绿、浩瀚又有些奇特的景观"等中国的众生相、众物相,由内而外表征出一种视觉化的"中国性",在深层次上构成马克镜头下中国影像的核心特质。这种"中国性"可以从以下几个方面分别来论述。

  首先,半个多世纪以来马克·吕布对中国的造访和拍摄,多次都处在中国的社会、政治、经济、文化发生重大转折的历史节点或时期,例如1957年,即将开始"反右"运动;1965年,即将爆发"文革";1971年,"文革"运动中;1983年,处在解放思想、改革开放初期;1993年,以市场经济推动改革开放的深入;21世纪初,进一步的现代性转型。这些年份对于观察、了解和表征20世纪后半叶的中国而言,其重要性不言而喻。如1957年,对于初次进入中国的马克·吕布来说,只是一个偶然的机遇,作为一名来自西方资本主义世界的初访者,马克对这个神秘的红色中国难免知之有限,实际上对于几乎所有的西方人而言,该时期这一新兴的社会主义国家及其政权都是一个封闭、神秘的东亚大陆。但对于中国自身却是一个特殊的年份:在这一年,它完成了第一个五年计划,公私合营彻底完成,而与此同时"反右"运动即将开始,中国随即也被"禁止"进入;又如1965年马克开始第二次中国旅行时,无法想见这个国家即将开始一场长达10年的"文化大革命"。在这些关键节点上,身为摄影记者而又不懂汉语的马克,对这个东方的新国度及其新国情,不仅知之甚少,且很难有确切深入的了解。但从另一个角度,马克有幸进入一个这么大的"禁区"里工作,几乎碰不到其他西方摄影师,这是一块留给他的陌生而绝佳的新大陆。正是在这种基本的历史情境下,马克开始亲身观察和体验中国处于重要历史节点的存在状态,纯粹依赖一个摄影记者对事物的感受和观看本能,记录下了一些即将消失和行将发生的事物,例如1957年走在北京王府井大街上行将退出历史舞台的旧式贵妇人(详见下文);1965年"文革"前学生的街头游行;1992年随着邓小平南方谈话,中国开始新一轮的思想解放和改革开放,其结果是从社会个体到整体、从内而外发生的又一次现代性蜕变。正当此时,马克·吕布于1992年、1993年、1994年、1995年、1996年连续五次访问中国,对改革开放下急速变革的中国展开特写式的观察和密集拍摄,随后出版了记录中国改革开放最新变化的摄影集《黑白中国》。与此前毛泽东时代的影像相比,这些处于市场经济转型期的照片,又为邓小平时代的中国及其"中国性"注入另一种视觉内容与现代性内涵,对此马克很敏锐地透过深圳、上海这两座象征新时期现代化改革开放成就的城市来描摹。从历史节点的角度,马克对这些特定历史时期特有景象的拍摄,构成了其影像叙事中有关红色中国独特的"中国性"内容。

其次,在对这些转折性的历史节点或历史时期的观察中,马克捕捉到了一些对于表征当时中国而言比较特殊的历史场面。在毛泽东时代,得益于1956年"百家争鸣,百花齐放"运动暂时打开的一扇门,当1957年年初马克来到中国时,社会风气还比较开放,在短短的四个月内,马克有幸看到了一些很快在此后的"反右"运动中销声匿迹的历史场景和公众活动。例如,上述1957年中国美院雕塑系课堂上尚未遭到取缔的人体模特。当时的中国严禁所有的裸体模特,这被认为是颓废的、腐朽的资本主义写照,只有这个课堂上还有所保留。另外,他也看到了日益换新的中国里面潜藏着的"旧"中国,拍到了"文革""破四旧"前的"旧"风俗、"旧"文化、"旧"习惯,这些令其好奇的东西被视为是那个传统中国的流风遗韵。当马克1957年初次看到春节庙会上胸口碎大石这样惊心动魄的场面(图4),他这样写道:"在北京的胡同里逛游,遇到很多令我惊奇的事情,比如这个明显对孩子是一种折磨的事被当作娱乐;正是这个场面,我了解到什么是气功。大石头下面的人通过气沉丹田,成功抵住了铁锤的击打力量。在这场景中,我亲眼看到大石头被砸碎,下面的人站了起来。"① 正是带着这种外来者陌生而惊奇的眼光,他的照片中包含大量如气功这般表征传统中国意蕴的的景象、人物与符号:方正肃穆的故宫,狭窄交错的胡同,灰色瓦墙的四合院,皇家宅院屋檐屋脊上的龙形装饰,故宫里打太极拳的人们,穿着中式开裆裤的小孩儿,大雪中的黄包车,王府井大街上最后的贵族妇人,北京天桥的江湖杂耍艺人,街头的各种小生意人,文具店里的师傅正用毛笔写着蝇头小楷,小孩子花几个硬币向老板租借连环画小人书,北京春节庙会里的相声、皮影戏、舞狮、摔跤、气功绝活儿等。当时的北京在马克眼中,就是一幅典型的"中国性"景观。

在1957年,北京也就是一座胡同交错的大村子。这里民居的高度被禁止超过紫禁城城墙的高度——又有谁敢与皇帝佬比高低?这样的建筑禁令使得北京虽然巨大且有种种奇怪之处,但仍然是一个令人愉快的地方。街头能听到各种小生意人的吆喝声,磨刀磨剪子的、装玻璃的、补锅补盆

---

① 南无哀.中国的三面红旗——吕布眼中毛泽东时代的中国[J].中国摄影家,2015(7):52-61.

的,各有各的调。屋檐屋脊上有龙形装饰,标出这是皇家宅院,其实目的只是要吓退邪灵而已。①

图 4

注:1957年,北京,天桥庙会卖艺。马克·吕布摄

毛泽东时代马克最具有"中国性"的照片,也是他在中国拍摄的代表作品之一,是1965的《北京琉璃厂古玩店窗口》(图 5),摄于北京琉璃厂一间古玩店里。吕布富有创意地以古玩店里典型的格子形玻璃橱窗作为取景框,将窗外的情景井然有序地分割于六个平衡搭配的框架里,来凸显北京这条最具传

---

① 南无哀.东方照相记:近代以来西方重要摄影家在中国[M].香港:香港中和出版有限公司,2017:450.

统文化色彩的街景。在左上的窗口中,是"荣兴斋"这间经营玉器翡翠的百年老店,其古典中式的店铺门楼上,悬着用镀金书法书写的黑漆木牌匾,旁边是一家文物店用西藏梵文书写的招牌;在中上和右上的取景框架里,是京郊传统石门房的典型门楣和阳台样式;在左下和中下的框架里,几个穿着旧式衣衫的老派市民习惯性地在店铺门前临街而坐,一位抱着小孩的年轻妇女正在与街坊闲聊家常,两者合起来构成一幅典型的中式日常生活图景。所有这些内容在格子橱窗的分割构图和聚焦透视中,形成了一种独特的时空停滞和视觉静观效果,合在一起不啻是一幅京城风俗画,其中的人物与情境几乎构成了北京这座古老东方城市的代表性元素及其传统特色,不仅延续着老一辈人的活法,也留存着那个传统中国的历史风韵,而聚焦静观的视觉效果使此人此景似乎成为代表古老中国的永恒存在。与此相类的是,除了北京这一古老东方大国的首都,马克还沿长江从湖北到四川、重庆,目睹了长江上传统的戎克船、重庆江边的依然靠人力拉船的纤夫;又北上陕西和甘肃等地,看到农民继续着传统的农耕,在麦收季节踩着梯子把脱粒后的麦草堆成垛(图6)。这些形色各异的传统生产与生活方式,在马克眼里一方面构成了那一时代广袤中国的地方特色,体现着独特浓厚的"中国性",另一方面也是与他来自的那个西方社会迥然有别的东方景观。

图 5

注:1965年,北京琉璃厂古玩店窗口。马克·吕布摄

图 6

注:1957年,陕西的丰收。马克·吕布摄

再次,马克在对中国不同时期的观察中,往往以人文主义的视角细心旁观社会生活中的细节,人的日常情态与时代命运始终是他关注的主题,归根到底是对特定历史环境中人物的视觉化呈现,捕捉其中饱含蕴意的时代符号和历史信息,这不仅是马克·吕布的中国影像叙事,而且是他所有摄影作品中人文关怀这一整体风格中最基本的构成元素。例如1957年的冬天,在北京王府井大街上,马克敏感地将镜头对准迎面走来的一位独异醒目的贵妇人(图7):头戴一顶毛线织成的圆帽,身披长至脚踝的黑色大氅,领口镶着白色狐毛,手指夹着香烟,目光中是一股傲慢的神情。在她背后的背景街头,是一片穿着灰色工装的行人,老妇人以这身装扮出场显得如此荒诞、不真实,然而又像是随时随地都有可能发生,提醒着世人,一方面这个皇城古都曾经盛极一时的历史及其现在依然留存的流风余韵,另一方面,在革命后的中国,这些流风余韵作为不合时宜的遗世存在,最终难逃孤独难支、退出历史舞台的尴尬命运,最后一批残存的贵族很快就消失了,可就在消失之前,马克很敏锐地意识到作为历史资料,这种残存贵族之视觉形象相对于社会变迁与历史洪流的重要与宝贵。布列松曾说:"中国是一个封闭和神秘之地,在外人看来,其中正在发生的巨大变化几乎总是隐藏着的。"[1]在此情境下,发现中国的最好方式就是密切关注

---

[1] Marc Riboud. Visions of China[M]. Pantheon Books,1980:Foreword 1.

"中国性"与东方学：马克·吕布的影像中国叙事

它的细节和瞬间。在这张贵妇人的照片里，其细节与瞬间具有极强的描述性与可阐释性：一顶毛线圆帽，一身镶着雪白毛领的黑色大氅，在周围戴布帽、穿布衣的平民百姓中显得异常独特，尤其是从大氅中露出白皙的手指夹着最时髦的纸烟，这一细节与同时代老百姓一般抽的旱烟和自制纸烟形成鲜明的对照，这不仅是50年代中国社会两种特定历史地位的人的写照，而且是两个历史时空在这一特定时刻中的并置与停留、更迭与对话，也暗示出此时处于历史大变革中的中国社会，在传统与现代交替过渡中的多元与复杂，这两者及其之间的张力在这张照片的能指与所指中突出体现出来。

图 7

注：1957年，北京王府井大街，最后的贵妇人。马克·吕布摄

在马克的影像表征与历史叙事中，面对变革中的中国，他将人文主义的视角落脚于不同社会历史阶段中的各色人物，诸如街头艺人、田间的农民、车间的

工人、广场上的市民甚至乞丐等身上的独特情态,细心捕捉人物的细节反应,从中解读饱含蕴意的时代符号和历史信息,例如20世纪50年代的中国,人们穿着统一的蓝灰色衣服,胸前别着当时最重要的符号之一毛主席像章,在行动中喊着整齐划一的口号,从而透视人物与时代之间的某种历史关联。换言之,以视觉的方式呈现和解读历史中活生生的人,是他认识和理解中国的重要方式,通过此种方式,马克去表征和诠释中国在特定历史时期的意义,也即"中国性"。

通过上述三个方面,马克·吕布在有意无意之间,对半个世纪以来"中国性"的历史内涵与变迁做了独特的个人理解与视觉表达,尤其是与同时代国内摄影师相比,他在实际上表征了一个非官方的、非主流的历史中国及其"中国性"内涵。

三、传统与现代:"中国性"背后的叙事结构与影像机制

关于摄影与观看,马克·吕布有两句名言:眼睛用来看,不必用来思考;摄影不是智力过程,是观看的过程。马克此言有其特殊的话语语境和意义指涉,自有其一定的道理;但从另一个层面,笔者认为,眼睛用来观看的过程,如同约翰·伯格所言,有其"观看之道",必然涉及眼睛和摄影这种观看背后更深一层的智力活动,包括观看机制及其历史语境,否则这种观看就无从产生意义。那么,面对中国半个多世纪的变迁及其包含的"中国性"内涵,马克·吕布的观看之道是什么?

在马克同一时期拍摄中国的许多照片中,在有意无意之间都包含了一种平行拍摄和视觉对比,例如在21世纪初,甚至是同一年拍摄的照片里,既有像上海、深圳这样在改革开放中率先实现现代化的大都市和摩登时尚,又有如山西平遥这样依然保留传统建筑的古城小镇及其古朴风情(图8);甚至在对同一座城市的拍摄中,如上海,既有像南京路、浦东区、购物商场等处处体现出由改革开放带来的现代新式景观(图9),又有在摩天大楼映衬之下旧式的弄堂老屋(图10),既有穿着新潮的年轻一代,又有依然穿着中式褂子的垂垂老者;两种社会风貌,两种人情形态,代表了两个不同社会阶段的并置与接续,甚至是两种不同的历史文化基因,在平行对比中形成一种共时性的叙事结构,这并非是个别照片之间的偶然巧合,而是源自于拍摄者在观看时的有意为之。

按照索绪尔共时语言学的观点,在符号的意义生成中,无论是符号中的能

"中国性"与东方学：马克·吕布的影像中国叙事

图 8
注：2002 年，山西平遥的父子。马克·吕布摄

图 9
注：2002 年，上海，国庆节的人流。马克·吕布摄

媒介中国——现代性的媒介话语叙事
China in Media: Media Discourse Narration of Modernity

图 10

注：2002年，上海。马克·吕布摄

指，还是整个符号，其意义并非来自其先天固有，而是在与其他能指或符号的对比与区别中显示出来，即所谓"主体"，只有在与"客体"的对比中才成其为主体，"自我"也只有在"他者"的参照下才具有特定的中心性意义。以此来看，马克的照片实际上形成了一种在相互区别中产生和表达意义的二元结构：传统与现代。所谓传统，并非纯粹的老式和陈旧，而是在现代性的参照下凸显其作为过去历史存在的意义，现代也必须在传统的映衬下，体现其求新求变的时代内涵。两者既可以在同一时空中并置共存，又是在历史变迁中的前后转换，因此两者之间形成一种辩证的二元对立与转换的时空结构关系。而这一二元结构正是马克观看和理解半个多世纪以来中国变迁的基本视角和表征框架，是其影像意义生成的主要话语机制。就像在他的照片中，上海都市中的大厦与人流，其意义更多的恐怕不在于其自身，作者想要在其中赋予的现代性意涵，只有在与其同时的平遥古镇、弄堂老屋等传统影像与符号的对比中才更加鲜明地表征出来。

这种二元对立的差异性叙事结构在上文《最后的贵妇人》那张照片中典型地体现出来：这位贵妇人何以成为镜头聚焦的对象？她在其身后背景的映衬之下，意味着什么样的时代信息与历史意义？这些恐怕只有在传统与现代的二元结构中才能获得充分的解读：1957年的中国，在红色政权主导下的社会主义改造基本完成，与之前的民国甚至晚清相比，从社会个体到整个国体都发生了本质性变化,也即马克所说的这个"国家正在发生翻天覆地的变化"①,此时这位贵妇人从穿着打扮到神情举止,在与其身后清一色穿灰色工装的北京市民的对比之下,指向的是另一个正在慢慢逝去的历史时空,就像老舍笔下曾经的那个"茶馆"。作为旧式中国的一个缩影,这位贵妇人自上而下、由内而外都充满了传统中国社会的各种符号,既代表着曾经的高贵,又暗示出如今在现代转换中的落寞,平民与贵族、新与旧、现代与传统,构成了这张照片最基本的意义生成机制,其所表征的历史意涵主要在这一潜在的叙事结构中得到解读和阐释。

四、马克·吕布的"中国性"——东方学链条上的转折?

在1957年年初来到中国之前,马克·吕布用了半年的时间从巴黎开车到印度的加尔各答,途经土耳其、伊朗、阿富汗、印度、尼泊尔等国,原本神秘的东方大陆与地理风物渐次展现在这位西方摄影师眼前,这是一场名副其实的东方之旅。2012年,马克·吕布的摄影作品《马克·吕布:东方印象》第一次被正式引进中国大陆出版,本书大部分图片均是在国内首次公开亮相,是影像匮乏的20世纪50年代东方世界的珍贵记忆。因此马克与东方的关系是一个无法绕过的议题。马克曾自陈他决定远赴东方的心理想法:"直觉告诉我,我必须要到更远的地方去,不仅要离开我的家人,我更要远离欧洲,远离欧式的思维习惯和文化,去探索广阔的东方。在那里,世界有着不同的刻度,而我也可以自由地从伊斯坦布尔流浪到上海,随意地停留在任何一个地方,掌控我自己的节奏,挑选我自己的驿站。自由,真正的自由。"②此言表明,马克·吕布意欲突破此前很多西来者的局限,远离"欧式的思维习惯和文化"对他的影响,力图在观看东方国度的时候能够自由地选择角度与立场,从而拍摄一个客观真实的东方与中国。

对马克的这种拍摄,国内的很多摄影师与研究者也都持肯定的态度。例如在不少摄影师看来,马克始终坚持以局外人的立场、独立的观察方式、冷静

---

① 李玥.马克·吕布:我喜欢看着一个国家长大[N].中国青年报,2016-09-23(09).
② 马克·吕布.马克·吕布:东方印象[M].北京:北京美术摄影出版社,2012:序言3.

又富于艺术感受的人文视角捕捉直觉性的瞬间。① 他所拍摄的中国之所以经典,在于马克并没有带着西方人普遍的猎奇心理或者成见,"一个西方人的镜头毫无外来者强行侵入之感,就像是国人的自我审视,充满东方智慧"。《人民摄影报》原总编辑司苏实这样评价,马克·吕布的照片没有窥探和俯视,而是通过平常人的视角,让"冷战阵营"看到了一个"意料之外"的中国。② 不仅如此,马克对中国一直心存崇敬,他拍中国比任何一位国际摄影师都多,但他不会讲汉语,也没有像汉学家一样研究中国,他一直以一个局外人的立场,以一种别开生面的视角,迎接各种意外的惊喜。③

对马克的评论最深入者当属摄影研究学者南无哀,他指出,如果把马克放在自近代中国以来拍摄中国的整个西方摄影师的链条中,他显然还有摄影之外的意义。摄影术在近代中国的最早出现是随着两次鸦片战争而传入,从法国人于勒·伊蒂埃(Jules Itier)在《中法黄埔条约》谈判期间,拍摄了广州的市井风物、官僚富商以及参加谈判和签约的中法代表,从而成为在中国大陆拍摄的第一批照片,到英国人菲利斯·比托(Felice Beato)1860年拍摄第二次鸦片战争及《天津条约》的签订,再到苏格兰人约翰·汤姆森(John Thomson)于1869—1872年间游历中国,用镜头记录中华古国的地方物产、风土人情、人民生活等,并传播到西方各国,一直到美国人约瑟夫·洛克(Joseph Charles Francis Rock)从1922—1949年长达27年间6次深入中国内地从事拍摄和写作。依据南无哀的看法,这些商人、传教士、探险家和摄影家以一种战胜国及其不平等条约所带来的胜利者和受益人的优越心态,用摄影在这一东方大国寻找异域想象的文明奇观,中国的古老贫穷、人口众多乃至男人的辫子、妇女的小脚,都让他们觉得有趣,这正如法国哲学家萨特所描述的:到亚洲的西方旅行者们关于亚洲的知识的根本态度并未改变,对当地人的屠杀减少了,对他们的鄙视却很深,这是屠杀的文明形式,历数这些不同使人们领略到了贵族式的乐趣。"我剪发,他梳发辫;我用叉子,他用小棍儿;我用鹅毛笔书写,他用毛笔画方块字;我的想法是直的,他的却是弯的。你是否注意到他讨厌直线运动,一切都乱七八糟他才高兴","有人极尽所能把中国人描述得骇人听闻……亚洲曾是我害怕,像水田里的螃蟹在两条犁沟之间逃窜,像大草原上铺天盖地的蝗虫摧毁一切",甚至有人"第一个描绘出既无灵魂也无躯壳的中国人和既

---

① 林月白.马克·吕布的中国情缘[N].海南周刊,2016-09-05(B10).
② 李玥.马克·吕布:我喜欢看着一个国家长大[N].中国青年报,2016-09-23(09).
③ 詹皓.50多年,拍出别开生面的中国[N].新闻晨报,2016-09-01(B11).

"中国性"与东方学:马克·吕布的影像中国叙事

无莲花也无烤肉的中国",凡此种种,萨特称之为"找出异常点的游戏"。① 与鸦片战争不同的是,这些旅行摄影师是用相机征服这个国家。在此后很长一段历史时期内,中国都是西方摄影师猎奇、观看和表征的文化"他者",由此而生成的影像也具有了某种东方主义的意味,构成了一个延续东方学视觉传统的链条。因此在某个历史时期,"摄影,对于西方,是器材和技术的问题,媒介和实验的问题,传播与观看的问题,美学与伦理的问题;但对于中国,首先是政治问题"②。直到埃德加·斯诺(Edgar Snow)报道了陕北的红色中国(1936)、罗伯特·卡帕(Robert Capa)报道了中国的抗战(1938),特别是亨利·卡蒂埃-布列松拍摄了1948—1949年的新旧中国交替,西方摄影家看中国的眼光才开始转变:布列松的照片表现出了对中国人的深刻理解和对中国革命的赞同。萨特称其是第一位将中国人视同其法国同胞来看待的欧洲摄影家,在他的照片中,"四亿中国人像意大利的农工一样挨饿,像法国农民一样在劳动中耗尽自己,像四分之三的欧洲人受到资本主义的大封建主的剥削一样受到蒋介石家族的剥削",这不仅提供了共产党革命的正义性,同时也说出了一种真实:中国人和法国人、欧洲人一样,"我们都是相同的,都处在人类的状态之中"。而继布列松之后,马克·吕布站到了这个东方学传统的转折点上。③ 言外之意,在南无哀看来,与东方学传统中西方人以自我中心和异域猎奇的眼光,通过历史书写来描述和建构一个想象的东方他者不同,马克·吕布以一种旁观者的客观冷静,去观察他镜头下中国人与历史场景,"他第一个通过照片对西方说,过去中国有过皇帝和龙,有过长辫子、小脚和租借,但现在,中国人有尊严;他把一个'不可能'的中国呈献给西方"④,以此冲击和打破了西方社会对中国固有的公共常识。在这种意义上,马克·吕布对于中国的真实再现,与早期来华的西方摄影家相比的确功不可没,在一定程度上破除了他的前辈们建构起来的中国偏见与刻板印象。

然而,从另一个角度看,对于任何一位摄影师,尤其是纪实摄影师而言,

---

① 让-保罗·萨特.中国故事[EB/OL].[2014-08-20].http://www.xuemo.cn/show.asp?id=9534.

② 南无哀.隐藏在照片背后的偏见与傲慢——东方学视野中的中国照片[N].北京日报,2016-09-19(19).

③ 让-保罗·萨特.中国故事[EB/OL].[2014-08-20].http://www.xuemo.cn/show.asp?id=9534.

④ 南无哀.东方照相记:近代以来西方重要摄影家在中国[M].香港:香港中和出版有限公司,2017:序言27.

"他们无法拍摄每件事:他们必须选择题材,而且他们必须决定拍摄这些题材的方法。就这样,他们个人的动机渗入了对题材的选择,并渗入了一种方法,这种方法把特定的意义和价值编入形象的内容"①。苏珊·桑塔格在谈论摄影时也认为,"哪怕当摄影师最关心反映现实的时候,他们无形中也依然受制于口味和良心的需要"②,而"所谓准确就是符合他们自己对贫困、光感、尊严、质感、剥削和结构的观念……虽然人们会觉得相机确实抓住现实,而不只是解释现实,但照片跟绘画一样,同样是对世界的一种解释"③,这种解释说明"一切照片都有一种固有的倾向,就是把价值赋予被拍摄对象,而这种倾向是绝不可能抑制的"④,这意味着,任何摄影都无法保持绝对彻底的全面与客观,必定包含"特定的意义和价值",从而使照片图像具有包含某种意识形态的话语叙事功能,而纪实摄影在这方面尤其如此。在此意义上,马克·吕布对中国的拍摄在主观上有意,但在客观上是否彻底摆脱了东方学传统的羁绊,或者说,在东方学传统之外,是否又基于自身的拍摄经验和文化感受,建立起另一种他者性的观看?这种观看是否也是一种基于客观再现的选择性观看?甚至是基于某种认知框架建立起一种新的东方学色彩与视野?回答这些问题,恐怕需要不断回到他镜头下的中国影像,对这些图像文本及其构成的叙事话语进行深入的条分缕析,才能有更深入复杂的理解与判断。

马克·吕布一生22次往返于中国并拍摄,他因此声称走在北京王府井大街的次数比走在巴黎香榭丽舍大街的次数都要多,这一形象的描述从某种意义上也说明,马克对中国的兴趣甚至到了执着与迷恋的程度。而这种执着为何如此坚韧?这种迷恋的根源又在哪里?换言之,如果说上文中那些照片里的"中国性"是其对中国感兴趣的内容抽象,那么这种"中国性"在马克的观察体验中又是从何而来?这当中包含了马克观看和叙述中国时的何种眼光与立场?当被问及为什么会选择中国作为终生关注的对象,马克回答说:"五十年代我来到东方,发现这里有完全不同的行为方式,完全不同的文化,有浓厚的时间的印记,这些都是让我感兴趣的地方。但是今天的中国已经不像一个典型的东方国家,东方文化的印记越来越淡了。事物有一些变化那是不可避免

---

① 彼得·汉密尔顿.表征社会:战后平民主义摄影中的法国和法国性[C]//霍尔.表征:文化表象与意指实践.徐亮,陆兴华,译.北京:商务印书馆,2003:77-150.
② 苏珊·桑塔格.论摄影[M].黄灿然,译.上海:上海译文出版社,2010:10.
③ 苏珊·桑塔格.论摄影[M].黄灿然,译.上海:上海译文出版社,2010:13.
④ 苏珊·桑塔格.论摄影[M].黄灿然,译.上海:上海译文出版社,2010:46.

的,但面对变化我们总会有一些遗憾。"①马克的这段答话中包含了中国在他眼中的两个基本层面:异与同。首先,异的层面显然是马克关注的重点,包括"完全不同的行为方式""完全不同的文化""浓厚的时间的印记"等,这些不同一方面意在强调中国这一东方国家本身的独特性,另一方面更是凸显了这是在与西方进行默认对比与参照之后的结果。其次,所谓同,即马克所说的"东方文化的印记越来越淡",意指中国在变革中越来越与西方世界趋同,实际上同样是从异的角度观看而得出的否定性结果。因此,差异,也就是与西方这一潜在参照者的差异,构成了马克观察中国最基本的眼光与立场。换言之,作为一名西来者,西方不可避免地依旧是观看东方的出发点与参照系,对于西方人而言,对东方的理解似乎无法自立于东方之内。

　　再回到马克·吕布拍摄的中国影像上。相较于毛泽东时代的中国,西方人称 80 年代之后改革开放的中国为"邓小平的中国"或"邓时代的中国"。从时间的跨度上,马克的中国照片主要涵盖了这两个时代,一方面由于时代的变迁,另一方面由于摄影师关注重点的变化,两个时代的拍摄题材与内容存在明显的差异。具体而言,在毛泽东时代,马克观察和感受到的中国主体是传统式的,其镜头下的大多内容依然保留着传统中国的种种社会景观、生活样态、人物气象或整体特色,如北京的紫禁城、古玩店,农村的稻田,穿着旧式粗布棉袄的爷爷与孙女、奶奶与孙子,在钢铁大桥映衬下在江面撒网捕鱼的船户,北京的黄包车夫,广西带着斗笠上学的孩童,重庆拉船的纤夫,以及各地的农民,他们在稻田里插秧、用水牛耕地、用锄头锄地、去市集上卖猪、在家里纺线等。上文已言,摄影师的拍摄并非全然客观,而是选择了题材,渗入了方法,两者共同生成作者想要表征的观念与意义。对上述题材内容的呈现,占据了马克在毛泽东时代拍摄照片的大多数,它们在客观再现之外,更重要的是从差异的立场上表征了一个传统中国与中国传统,在马克的感受与视野中,正是这种传统构成了此时中国异于西方的中国性及其本质。

　　时至邓小平时代,尤其是进入 90 年代之后,相比于马克此前所目睹的毛泽东时代,这是一个快速发展而躁动的年代。1992 年邓小平开始他的南方之行,并发表划时代的南方讲话,中国自此开始新一轮以市场经济转型为驱动的现代性进程与社会大变革。不久之后,马克就出现在深圳的街头。他明白邓小平对于此时中国的意义,因此他瞄准街对面的邓小平巨幅画像,足足拍了三

---

① 廖伟棠.马克·吕布,纪实摄影的最后一座重镇消逝了[EB/OL].[2016-09-01]. http://culture.ifeng.com/a/20160831/49872766_0.shtml.

媒介中国——现代性的媒介话语叙事
China in Media: Media Discourse Narration of Modernity

卷胶卷。马克此时的拍摄,一方面表现上海、深圳等处于现代性变革前沿的大都市,不同于传统"中国性"的种种现代化、商业化符号或现实表征,开始频频出现在马克·吕布的镜头里:时兴的T恤衫、洋快餐、公用电话、变速自行车、快修相机手表等新鲜事物纷纷登陆这片南中国的土地,一栋栋高楼大厦鳞次栉比,步行街和百货公司里密集的人流涌动,咖啡馆里的西式餐点,此前大街小巷的政治宣传标语变成了如今巨幅抢眼的商业广告或摩登海报,后者在毛时代曾被视为资本主义污点。与这些都市景观变化同步的还有照片中的人们:他们用西服、裙装、墨镜等款式各异的服饰代替此前清一色的灰色工装,甚至开始出现手拿大哥大或开着高级小轿车的人,尤其引人注意的是女性,她们开始穿着超短裙和高跟鞋,公开展示新时代的性感身体与审美时尚。在其中一张照片(图11)中,一个报摊小贩悬挂着以性感女明星为封面的画刊以招揽生意。海报在这里成为一个极具视觉冲击力的符号,表征着在改革开放与思想解放之后,社会观念对此前那一传统的深刻颠覆,它不仅激起当时中国人的身体荷尔蒙,而且也打开了中国人看世界的另一扇思想之窗,通过这扇窗户之所见,与传统景象和观念截然不同。凡此种种,都成为马克用影像书写邓小平时代"现代性话语"时非常具体的视觉化表征。

图 11

注:90年代,报摊小贩。马克·吕布摄

"中国性"与东方学：马克·吕布的影像中国叙事

如果从现代性的理论视角,将马克对这两个时代中国的拍摄做一简约化的抽象,这些照片实际上主要包含了传统与现代两类内容与题材,前者主要体现于毛时代的中国,后者主要存在于邓时代的中国。而在两者当中,马克明显偏爱前者。实际上,在他对中国半个多世纪以来的观察中,不仅记录了中国由"毛时代"向"邓时代"转变的过程,即注重这个国家由内而外从传统向现代的转向与蜕变过程,与此同时,也反映了他对这种转变的复杂情感甚至矛盾态度。马克曾在五六十年代目睹、经验的那些传统中国的气象韵味,那些迥异于西方的整个社会文化,在此现代性进程的浪潮中不断地消逝,因而念念不忘且透露出对传统中国及其风物神韵的偏好,在毛泽东时代的照片中自不必说,如在上述北京琉璃厂古玩店通过橱窗拍摄的照片,对于这条最具中国传统文化特色街道上各种元素的特别感受与凸显；在邓小平时代的照片中依然不乏体现,如在表现现代都市及其新兴事物的大部分照片之外,还有一些照片特意呈现老辈人在弄堂里巷依旧的生活情态,以及与现代都市截然而立的平遥古镇,在21世纪初国家大力推进城市现代化这一大势之下,后者依然保留着传统的建筑构造与生活空间,以及人们在此间延续着的生活方式与内容,马克留恋的恐怕正是其中不同于现代性大趋势的传统韵味,这也正是马克·吕布眼中中国性之魅力的重要来源。一方面,如其自陈,他喜欢在北京的胡同里闲逛、拍照,从这些地方了解中国过去是什么样子。换言之,正是过去中国的样子令人迷恋。另一方面,也正因为此,他发现90年代以来的中国随着现代性进程的不断拓展与深入,在社会发展、城市景观、生活方式、流行文化等各方面,旧的东西在消失,新的东西在涌现,正如一张2002年上海的照片所示：在一堵残破的旧墙上写着一个大大的"拆"字,墙背后不远处是一栋高耸的新楼拔地而起。

有了毛泽东时代那些存留的传统作为历史参照,马克在邓小平时代对处于现代转型之中国的观察,有意无意之间置入了传统与现代二元框架,在这一框架中思考现代对于中国的意义："这一股新的现代主义和工业化浪潮将把中国领向何方？如果我们再次回顾和观看中国,我们将会发现和明白。"[1]学者南无哀对此也做过类似的评论："马克拍摄改革开放后的中国,绝不是在拿着相机扫大街,简单地用猎奇的目光记录'变化'、'发展'。他是在感受中国人内心欲望的走向,倾听中国传统文化在现代主义挤压下产生裂痕时那细微的声

---

[1] Marc Riboud. Visions of China[M]. Pantheon Books,1980:Foreward 1.

音,并把这声音传递给世界。"①因此,传统与现代的二者承续、差异甚至冲突构成了此时一个重要的观察视角,这不仅反映了中国在现代性进程中之实有,而且透露出,面对改革开放的中国,马克在肯定现代发展的同时也对此充满思考与困惑,慨叹中国走向现代化这一趋势的不可避免,在他看来,在现代性迅速崛起的另一面,是传统的失落,包括社会形态与社会价值,这种现代化趋势更多的就是失掉自身传统的西方化。针对90年代初由经济飞速发展带来的中国巨变,他曾面对媒体这样描述这一转变:"那儿的情况有点像一个人突然成了暴发户。没有人再谈论政治,也没有人谈论孔夫子。社会上唯一的价值观念就是金钱"②,"变得像我们这里有的最坏的东西那样——金钱成为人们所有活动的唯一准则。道义与家庭等价值正在崩溃。这如同把我们(三四个世纪)一系列历史进展尽可能短地压缩在一场赛跑中"③。其中对于此时中国快速现代化附带的负面后果的忧虑溢于言表。更重要的是,所谓"像我们这里有的最坏的东西那样",意指西方在其现代历史进程中的商业化,马克此处看重的,恰恰是与以金钱为代表的商业性相对抗的"道义与家庭等价值",后者正是传统中国的题中之义,这里隐约包含着中国与西方,传统与现代的二元对立模式。

更进一步而论,相比之下,马克所留恋的是那个处处充满古老的东方光晕及其传统文化遗产的不变之中国。面对从孔夫子到金钱的世纪性变迁,不管马克本人是否意识到或者愿意承认,相比于他拍摄五六十年代中国时的那种善意与平和,当他直面90年代以来受西方商业文化影响而业已发生某种变化的中国时,他已无法再纯然保持那种身为旁观者的冷静平和的心态,以及由此产生的"观看距离",此时他的照片中是对被摄物的贴近和聚焦,诸如富有视觉冲击力或有意凸显的巨幅广告牌、广告牌上如雨点落下似的金币、商业步行街上密集的人流,拔地而起的摩登大厦,以及在此映衬之下空间局促的弄堂小巷、面临拆除的残垣断壁等。1996年,马克出版记录中国改革开放最新变化的摄影集《黑白中国》,该标题中的"黑"与"白"即表达了他对此时中国之变的思考与困惑,原因就在于:

---

① 南无哀.东方照相记:近代以来西方重要摄影家在中国[M].香港:香港中和出版有限公司,2017:496.
② 李玥.马克·吕布:我喜欢看着一个国家长大[N].中国青年报,2016-09-23(09).
③ Dionysus.记录我们时代表情的马克·吕布走了[N].新京报,2016-09-01(C06).

"中国性"与东方学：马克·吕布的影像中国叙事

给变化如此之速的中国拍一幅肖像仍然十分困难。照片可能是模糊的,甚至相互矛盾。在我走过的很多城乡,前一眼看到的东西被后一眼所否定,昨天看到的东西被今天所否定……(《黑白中国》"前言")

看到世界上最古老的文化丧失其本来身份,真令人可怖地消沉沮丧,一个国家粉碎了与本身历史的系链,变得像我们这里有的最坏的东西那样——金钱成为人们所有活动的唯一准则。道义与家庭等价值正在崩溃。如同把我们三四个世纪的一系列历史进展尽可能短地压缩在一场赛跑中,我们所爱的那个东方其恒久的文化,骤然粗暴地变为一种极端西方的东西。①

在马克看来,首先,存在那么一个"东方",有其"恒久的文化",这本身已经落入了东方学的思维模式。马克曾不止一次写下他对快速变化的中国所产生的矛盾感受与惋惜之情,在《黑白中国》的前言中,马克写道:"市场经济使中国创造出了令世界敬仰的经济奇迹,将无数中国人送上了消费主义的圣山,与此同时,古老文化的优美也正在眼前消失。但此时的中国,即便那些经济处境不佳的人们也无意回到毛泽东的时代,难道我们还有权利为之感到悲伤吗?"然而此言之后还有更深一层的隐忧:"中国正是因其文化传统的恒定性而为人所爱,而今却在现代化的过程中迅速'西化',古老的东方文化正在变为一幅西方文化的漫画,中国正在由地理上的远东变为文化上的'远西'——'遥远的另一个西方':这又怎能让人不悲伤?"②尽管这段话语中充满了对中国的善意与同情,但不得不说,对中国文化传统"恒定性"的看重甚至是想象,正应了萨义德的观点:"东方学假定了一个一成不变的、与西方截然不同的东方。"③东方学的一大特征即是"将东方视为一个一成不变的、整一的、具有鲜明独特性的对象"④。此外,在2010年4月中央美术学院举办"直觉的瞬息:马克·吕布摄影回顾展"上,马克为该展览所写的文字中也曾说道:"从一九五七年第一次来

---

① 南无哀.东方照相记:近代以来西方重要摄影家在中国[M].香港:香港中和出版有限公司,2017:497.
② 南无哀.东方照相记:近代以来西方重要摄影家在中国[M].香港:香港中和出版有限公司,2017:477-478.
③ 爱德华·W.萨义德.东方学[M].王宇根,译.北京:三联书店,1997:125.
④ 爱德华·W.萨义德.东方学[M].王宇根,译.北京:三联书店,1997:128.

到中国开始,……我力图寻找隐藏在这些变化背后的、一直存在着的历史脉络,寻找正如戴高乐的那句名言所说的——'比历史本身还要古老'的文明所蕴含的永恒,中国在我心中占有特殊的位置!"在马克·吕布眼中的中国,这一"永恒"显然不是 90 年代以来发生的现代性变化,而是由他拍摄的那些传统中国景象背后千年积淀、凝聚的抽象"传统",并且在 20 多次的回访中持续探寻这一古老文明及其"传统"如何在半个多世纪的历史地表下延续不断。对此法国《新观察家》杂志总编辑让·达涅勒在为马克《黑白中国》撰写的"序言"中做了更细致的阐述:"西方人对中国文明有一种'恒定性'的错觉,即这种文明在保持其数千年连续性的同时,本质的东西是不变的。"[①]而中国之所以在马克心中占据"特殊的位置",不妨说以中国及其"伟大的传统"为代表的东方,寄托了马克某种关于永恒的理想。萨义德在《东方学》中曾说,"作为一种专门的语言或话语,东方学将赌注压在整个东方能永久长存上面"[②],在这种意义上,马克·吕布试图在中国这一西方域外的东方国度寻找某种"永恒",跟赛义德的观点不乏相通之处。

其次,在马克看来,在中国的现代性进程里,在某种程度和某些层面上是从传统独特的东方文化转向了西化,随之而来是他所看重的那种中国特有的"差异"逐渐减少,从而失去了那种"恒久"传统的魅力和价值:如上文所言,"中国正是因其文化传统的恒定性而为人所爱,而今却在现代化的过程中迅速'西化',古老的东方文化正在变为一幅西方文化的漫画,中国正在由地理上的远东变为文化上的'远西'——'遥远的另一个西方'","现在,所有的事都对齐了……中国再也不是远东,它已经变成远西了"[③],"我的东方死了……"[④]学者南无哀也指出,"马克·吕布读不懂'中国特色的社会主义'是一种什么主义,他感到的是,中国从孔夫子那儿传承下来的那根文化脉络,断了"[⑤]。如此看待

---

① 南无哀.马克·吕布:我的东方死了/我的照片不是纪实[EB/OL].[2016-09-08]. http://www.360doc.com/content/16/0908/10/27794381_589266451.shtml.

② 爱德华·W.萨义德.东方学[M].王宇根,译.北京:三联书店,1997:305.

③ 张曼.马克·吕布:"我确实无法掩饰对中国的喜爱"[J].今日中国(中文版),2010(7):58-59.

④ 赵小芹.我眼中的马克·吕布——写在马克·吕布拍摄中国50周年之际[J].中国摄影,2007(6):62-71.

⑤ 南无哀.中国之惑:远东乎?"远西"乎?马克·吕布眼中改革开放的中国[J].中国摄影家,2015(7):62-69.

马克关于"邓时代中国"的拍摄,他对照片里90年代中国发生的变化并不全然认同,甚至为之感到惋惜,其根源正是他持有的那一固定二元思维模式在作祟:中国是传统的,西方是现代的。这依然没有跳脱出东方学中的一个重要观念:"东方与西方之间的差异实质上是现代性与古代传统之间的差异。"① 而中国由改革开放而学习西方的现代化,将破坏它作为一种异于西方的东方文明,及其传统的内在结构和传统观念,从而变得与西方不无二致,变成"一副马赛克式的画面,过去与现在,经世延续的传统和共产党的领导,就像双重和三重曝光一样并置在一起,很难和谐,而是经常冲突"②,就像在1992年中国改革开放的窗口深圳,在一家公园的图腾柱上,马克拍下了一个奇妙的结合:在象征着中国传统文化的阴阳鱼上,刻着两个美元符号。在这种影像并置中,马克看重的恰恰是那个仍保留传统文化与历史色彩的古老中国,肯定古老中国具有的"恒久"价值,而对于它在现代化或者西方化的过程中昔日文明的丢失感到惋惜。这不禁令人想起萨义德在讨论东方学时曾指出的:"面对现代东方显而易见的衰败以及政治上的无能,欧洲的东方学家们发现有责任挽救东方已经丢失的、昔日的辉煌,以'推进'现代东方的'改良'。欧洲人从东方的古代历史中所得到的是一种想象视野(以及成千上万的事实和物品),只有他才能使其发挥最大的效用;他使现代东方向前推进并得到改良——同时,替东方判断什么是最好、什么是最有用的。"③

此外,在马克拍摄的中国影像里,除了半个世纪以来的人情物态和社会变迁之外,还有一个特殊的对象:黄山。他曾多次拍摄黄山,且出版了《黄山》和《天都峰》两部摄影集,这一点跟他之前和之后拍摄中国的大部分西方同行相比显然不同。而究其原因,"他的黄山具有唯一性:他把黄山视为中国艺术精神的象征"。黄山上的奇松怪石、云山雾海等壮观奇景,已经不仅仅具备作为拍摄对象所具有的独特光影效果,而是内在体现了"道法自然"这一中国传统的艺术精神,在马克的眼中,就像老北京一样,黄山是作为传统中国及其文化内蕴的象征而存在的,正如他自己所言,"中国艺术的源头就在这儿"④。简言之,黄山吸引马克的,依然是那个传统中国及其文化韵味。

---

① 爱德华·W. 萨义德. 东方学[M]. 王宇根,译. 北京:三联书店,1997:345.
② Marc Riboud. Visions of China[M]. Pantheon Books,1980:Foreward 2.
③ 爱德华·W. 萨义德. 东方学[M]. 王宇根,译. 北京:三联书店,1997:103.
④ 南无哀. 中国之惑:远东乎?"远西"乎?马克·吕布眼中改革开放的中国[J]. 中国摄影家,2015(7):62-69.

然而值得注意的是,马克的态度又跟那些东方学家的态度又有所不同,他在哀叹古老的东方文化在迅速"西化"中失去其"恒定性"的同时,又清醒地意识到:"市场经济使中国创造出了令世界敬仰的经济奇迹,将无数中国人送上了消费主义的圣山,与此同时,古老文化的优美也正在眼前消失。但此时的中国,即便那些经济处境不佳的人们也无意回到毛泽东的时代,难道我们还有权利为之感到悲伤吗?"在这种矛盾性的态度中,吕布作为一名源自西方的知识分子与观看者,虽然不像传统东方学家那样,通过观看与想象、书写与再现东方而获得表述东方的话语权,以及在东西方二元对立中的主导权,哪怕他对中国心怀敬意与个人情感,但却能够明显体会到,如他这样的西方知识分子对中国传统文明化解不开的情结,依然无法完全避免将以传统文明为代表的古老中国乃至东方/远东,作为一个异域文化的他者来观看,因而在某种程度上,也就无法避免对一个包含古老文化的中国乃至东方做一种定型化的影像观看与表征,并在这种观看与表征中产生个人的情感偏好,喜爱其"文化传统的恒定性",对于后者在现代化或曰西化中的消失感到遗憾与惋惜。这种定型化不仅意指一个依然保留各种古老习俗的传统中国,而且也不可避免地包括这种传统在面临现代化时所显现出的不良后果:滞后、贫穷。另外,这种定型化的观看与表征也意味着,在马克·吕布关于中国的影像表征中,其意义的重要来源即是东方与西方、传统与现代、新与旧、恒定与变化这一系列二元对立的差异性叙事结构。

萨特将布列松看作是第一位将中国人视同其法国同胞来看待的欧洲摄影家,意在说明他在拍摄中国时保持一种客观、同情式的立场。作为布列松的学生,马克在继承他"决定性瞬间"这一摄影美学理念的同时,也学到了他人文主义拍摄的纪实风格,力图以同情之理解的客观眼光观察和表征一个真实的中国。然而,无论是从他自己的言论还是拍摄的照片中看,他的差异性眼光与立场,对于中国传统的看重与迷恋,甚至力图从中寻求某种"永恒",对于这种传统在现代性进程中的消逝感到遗憾,这些都表明,在某种程度和意义上,马克依然无法完全抑制作为文化他者,试图从对中国的观看中寻求东方特有的历史文化差异这一冲动,对于一位异质文化的他者而言,无论多么具有客观性、同情心甚至迷恋,在他者对象中发现与感受差异这一冲动,恐怕都是一种难以克服的天然局限。就像影像研究专家杨小彦所做的论述:"从一九五零年代到一九七零年代,中国社会狂热的政治现实与异于西方社会的典型的贫穷相貌,同时成了摄影家关注的对象。马克·吕布的精彩之笔正在于此,他随时随地都把这两者拍摄进他的画面,毛泽东塑像下是林立的烟囱,而农民的面容则映衬着劳碌的厂长。但是有趣的是,进入一九八零年代以来,马克·吕布的镜头却出现了重大变化,他开始关心西方化给这个社会带来的视觉变化,而其中最重要的见证就是各式广告以及广告上稀奇古怪的文字。在马克·吕布的眼中,如果说中国人过去生活在虚假的政治狂热之中,那么,今天的中国人则生活在经济狂热之中","在他长达半个多世纪对中国的追踪拍照中,隐藏着影像之外的一个意图,即把个人的观看适时地转化为一种文化对另一种文化的审视"。① 这意味着,马克·吕布在根本上并未彻底摆脱差异性的观看视野与思维模式,这种差异不是东方或西方内部的差异,而是东方与西方这一二元划分之间的差异,就这一点而论,正如萨义德所说:"从一开始直到现在,现代东方学作为一种处理异国的思维形式典型地表明了'东方'与'西方'的僵化区分所产生的下面这一令人遗憾的趋势:将思维硬塞进一个西方的或东方的狭小的车厢内。"②从这个角度看,认为马克·吕布是"东方学影像链条"上的转折③,恐怕值得商榷和继续探讨,至少马克仍然未能完全摆脱上述东方学的观看视角和思维模式。

结语

马克·吕布曾自陈:"我是个拿着小照相机走路的人。我不停地仔细观察周围的东西,有时候会拍下些无关紧要的细节。那使我很着迷,但我并不创作故事。我只是个琐碎细节的收藏者。"④"我既非哲学家、也非社会学家……希腊人说灵魂在皮肤上散步,如是,它并非如基督教徒所认为的那样,是存在人体内里。摄影家是'一个耽于感官之乐'的快活人,因为是用眼睛,而非理念来操纵其感官。"⑤

正如此言,不论是马克·吕布本人,还是马克·吕布照片的论述者,大多都试图将其摄影置于最纯粹的意义上加以讨论,而与其外在的诸如重大的社

---

① 董慧萍.法国摄影大师马克·吕布[J].荣宝斋,2010(8):102-109.
② 爱德华·W. 萨义德.东方学[M].王宇根,译.北京:三联书店,1997:57.
③ 南无哀.东方照相记:近代以来西方重要摄影家在中国[M].香港:香港中和出版有限公司,2017.
④ 路斐斐.马克·吕布 收藏"琐碎细节"[J].三月风,2009(5):58-59.
⑤ 路斐斐.马克·吕布 收藏"琐碎细节"[J].三月风,2009(5):58-59.

会政治文化意义或功能无关,这并非没有道理,或者说这是一种以作者为中心的创作论观点。然而如若变换角度,以影像文本为中心,或者从观者接受美学的角度,这些影像则无从避免地具有某种社会政治文化意义或历史表征功能。更进一步,从摄影及其影像从属的视觉文化的角度,正如已有学者及其研究所表明的那样,整个西方文化自始即建立起了一种视觉中心主义传统,在这种传统中形成的是一套潜在的"视界政体"[①],这赋予了视觉及其典型的现代产物"影像"极重要的社会地位与历史功能,在文化生产与意义表征中并不亚于哲学家或者社会学家。在这种意义上看待马克·吕布,他对中国的观察与拍摄长达半个多世纪,这足以使他的摄影超越个人职业与个人兴趣,成为一种具有历史性和文化功能的影像叙事话语。正因为此,在20世纪五十六年代,当西方世界还无法透彻了解一个社会主义的红色中国时,马克·吕布用相对客观、饱含善意、富有趣味的纪实摄影,让西方人看到了这个国家在又一次新生之后真实的历史面孔,其中既有东方的神奇风物,也有普遍存在的物理人情,在一定程度上消解了许多文化间的误解与隔阂。此外,从20世纪五六十年代到21世纪初,在马克半个多世纪的全部影像背后,变化与永恒、东方与西方这一根本性的二元对立,构成了他围绕中国展开影像叙事的基本框架,在这一表意框架之下,如刘香成所说,拍出了他"理想中的中国"[②]。

---

① 吴琼.视觉性与视觉文化——视觉文化研究的谱系[J].文艺研究,2006(1):84-96.

② 南无哀.东方照相记:近代以来西方重要摄影家在中国[M].香港:香港中和出版有限公司,2017:528.

中国式的现代性
——《南方周末》新年献词话语研究*

《南方周末》(以下简称"南周")诞生的20世纪80年代,正当中国社会处于新一轮现代型转型的历史时期。现代性转型就是从传统社会向现代社会的转变,这是中国自晚清以来100多年社会变迁的历史脉络,它不仅包括社会在器物和制度层面的现代化,也蕴含着围绕现代性价值展开的思想文化启蒙与新民观。南周作为对当代社会进程的话语投射和主观思考,它通过新闻报道的方式,一方面记录了中国社会自20世纪末以来在经济、政治、文化、社会等领域全面追求现代性转型的历程,另一方面也在这一时代语境中不断定位自身现代性的价值诉求和话语形态。自1997年开始,南周都会在年度最后一期或新年第一期的头版①刊登一篇新年献词②,至今已成为南周的一个传统。这篇新年献词"一向以理性而温情书写著称、又以深切而感性叙述见长,因此被人们认为是这份报纸精神内涵的体现"③。纵观南周十几年来的新年献词,它正是以一种独特的话语叙事,透视出南周在当代中国展开新一轮现代性转型的时代语境下,由表征社会现代性进程和追求自身现代性价值的双重诉求而构成的话语形态及其理性变迁。

---

* 本文发表于《中国传媒报告》2012年第11卷第2期,此处稍作修改。
① 独2011年例外,本年度新年献词刊登在"方舟评论"栏目。
② 《南方周末》在1997年12月26日报纸上推出年末的主编寄语,实际上就是后来的新年献词。另在1999年、2007年的年末,南周在推出新年献词的同时,也有主编寄语,后者在形式和功能上与新年献词基本相同,因此本文将这三年的主编寄语等同视为新年献词纳入本文研究对象。
③ 参见南方周末编辑部网站 http://www.infzm.com/content/41895。

一、从弱者立场向公民意识

南周在1999年新年献词中"让无力者有力,让悲观者前行"的经典话语,已成为南周为弱势群体代言、奉行人文关怀的象征性口号。这里所谓的弱者或弱势群体,是当代中国自20世纪80年代以来实行现代性转型时社会改革的阶段性产物。通过经济转轨确立的市场经济体制是现代社会的经济基础。然而,在经济改革带来社会普遍受益的同时,90年代中期也逐渐带出了诸如贫富悬殊、贪污腐败、利益分割、阶层分化、道德失范等负面问题,按照社会学家孙立平的分析,90年代的经济转轨导致中国社会发生结构性的"断裂"①。其结果之一是,在这场由改革带来的结构性社会剧变中,资源向某些个体和群体积聚,而处于社会底层或边缘地带的人群则成为社会中的弱者和弱势群体。"弱者"由此在当代中国追求现代型转型的历史时期,有着特殊的历史意义和内涵。正是在这种现代性转型的特定语境下,20世纪90年代后半期的南周将自身的价值诉求定位于监督社会、针砭时弊、为弱势群体代言、"为生民立命"。于是普通人,尤其是弱势群体成为南周此时重点关注的对象,刊登了大量调查性报道,如《1999 她们死在列车上》(1999年3月12日)、《四年:一起错案和七个少年被毁的青春》(1999年9月17日)、《打工者的夫妻房》(2000年10月26日),这些报道一方面呈现了农民、农民工、未成年人等处于社会底层或边缘群体的生活状况、命运遭际和权利地位,另一方面也在发掘他们在面临不幸或不公命运时努力抗争的人性一面。在这些基本真实的背后,探讨的是当代社会在寻求现代性转型中附带出现的受益不均、权利失衡等深层真实,以期激励整个社会的反思与行动。这种弱者立场的话语同样体现于20世纪末南周的新年献词中,在1997年与1999年年终主编寄语中均说到,"希望从来也不抛弃弱者",而"当弱者努力摆脱无助让自己站得更直时,我们的心又何止充满温情。我们把永远的尊敬留给他们。"从表1中可以看出,"弱者"成为南周在1997年、1999年新年献词中多次出现的主题词:

---

① 孙立平.断裂——20世纪90年代以来的中国社会[M].北京:社会科学文献出版社,2003:220-221.

中国式的现代性——《南方周末》新年献词话语研究

表1 1997—2011年新年献词中"弱者"等主题词出现年代和次数

单位：次

主题词	1997	1999	2000	2001	2002	2003	2004	2005	2006	2007	2008	2009	2010	2011	总计
弱者	3	2					1								6
普通人								2		1			1	1	5
公民						1	6	1	1						9
民主			1	1		2	1		1	4	1	1	1		13
权利				2		2	2				1	1		3	11
中坚												5			5

　　从本质上说，这种为弱者代言的批判性话语是凭借"以人为本"这一现代性的价值理性，去弥补社会现代性转型在物质结构层面上的失衡与缺失，在自我反思与救赎中继续推进现代性的进程，它因此也成为20世纪末期南周在推动和监督社会现代性转型时所采取的话语形态和根本立场。

　　进入21世纪，南周与弱者同行的人文立场并未改变，如"不要让任何人无辜而死，无论是为了国家能源还是个人金钱"（2005年新年献词），"让每个中国人都金贵起来"（2011年新年献词），相关新闻体现于诸如《发廊女生前日记怆平生》（2005年10月13日）、《代课教师艰辛执着震动人心》（2005年11月3日）、《底层性工作者生存安全调查》（2008年5月14日）等调查报道中。然而，在为弱者代言的同时，南周将这种"以人为本"的现代性理念加以扩展，体现在新年献词中，如表1所示，就是从2000年开始，"弱者"一词很少再出现，仅出现在 2004 年献词中 1 次,代之以较为中立的主题词"普通人"(5 次),而更多出现的则是"公民"(9 次),以及与"公民"相关的主题词"民主"(13 次)、"权利"(11 次)。如"十六大"报告"表明党和政府已经把让更多的公民享受到改革的成果、建设一个更为公正的社会,作为今后 20 年的重中之重"(2003 年新年献词);"2003 年的奋力与求索,在这路途中为中国大写了两个关键的名词:'公民'与'权利'"(2004 年新年献词);"我们纪念每一个在这一年里承担了自己的责任的普通公民"(2005 年新年献词);"他们是尽责的公民,共同构造一个日渐和谐的社会"(2006 年新年献词)。与这些主题词的变化相对应的是南周的新闻报道,根据对南周头版头条报道的统计,2000 年有关个人命运遭际的社会生活新闻占据了全年头版头条的 53%,与时政、经济、公共问题等其他题材相比占据绝对优势;然而在 2001 年,这类新闻骤降至 24%,此后在总体上呈现出下滑趋势,未曾超过 30%;与此同时,时政、公共问题类题材报道大幅度上升,此后,公共问题的报道量平均为 36%,时政新闻的报道平均为 29%,成为头版头条新闻议题的两大主要内容。① 在从个人题材向时事政治、公共事务的议题转向中,南周也逐渐完成了从弱者到公民、从个体关怀到公民意识启蒙的话语转型。

以 2000 年为界,献词中从关注弱者,到频繁出现公民、民主等主题词,在一定程度上体现了对个体观念的进一步自觉,即黑格尔所谓的主体性的自由,这种个体自觉并非仅针对某一部分人如弱势群体,而是普遍意义上的个体自觉,这是西方现代性的哲学特征,也是欧美现代社会体制,尤其是现代市场经济体制得以形成的必要条件之一。反观传统中国社会中的"个体"观,"无我""克己"是儒释道传统共有的思想资源,这不是说中国哲学没有"自我"意识,而是如杜维明所言,"儒家的自我必须有他人的参与","不是孤立的和封闭的个体,而是人类共同体的每个成员都可达到的一种可分享的共同性",因此"儒家的自我,在诸种社会角色所构成的等级结构背景中,不可避免地会淹没于集体之中"。② 换言之,在传统中国社会,个体的意义体现于以礼为主要规制机制的家庭、族群、国家等集体的结构秩序中,个体的自立、自治与自决在中国的思想传统中有所缺失,只是从"五四"开始,个体与自由意识的觉醒成为现代性追

---

① 姜红,许超众.从"斗士"到"智者":舆论监督的话语转型——新世纪以来《南方周末》文本分析[J].新闻与传播评论,2008(1):157-164.
② 杜维明.儒家思想新论:创造性转换的自我[M].曹幼华,单丁,译.南京:江苏人民出版社,1995:10-23.

中国式的现代性——《南方周末》新年献词话语研究

求的目标之一,如今媒介中的公民话语仍可视为这一追求的延续,也显示了当代中国在追求自我现代性,或曰"多元现代性"时,西方现代性中包含的普适性价值对中国的持续影响。

相较而言,"弱者"一词主要指向人在生命意义上的生存价值和尊严关怀,是一个社会学范畴,而"公民"则强调人在基本生存的基础上,是一个自由独立的理性个体,一个持有政治经济社会参与权的主体,后者是一个法律概念,正如献词中的表述,公民与"民主""权利""公权"等现代意义上的民主政治与国家内容相关联:

> 2003年当被铭记:政府因"乙肝歧视"遭遇行政诉讼、四川自贡3万农民"民告官",公民依法维权的意识在这里觉醒;前河北省委书记与卫生部长被处理、收容制度被埋葬,公民对公权的监督在这里呈现;北京、深圳甚至内地小城潜江自荐竞选人活跃涌现,"违宪审查"的话题被广泛讨论,公民的政治权利在这里伸张……(2004年新年献词)

因此,从弱者到公民的话语转型,不仅仅是南周关怀范围的扩展,更重要的是,南周从单纯对弱者的人道关怀转向更高层面的对社会整体公民意识的倡导。这种转变直接源于南周理念的重新定位,即在秉持原有的人文情怀和道义担当之外,有意培养一种积极干预社会公共事务的精神意识。南周对公民意识的倡导,体现了培养公众在现代制度建设中监督公共事务、参与民主政治的主体性自觉,这也是当代中国新一轮思想启蒙的重要内容。进入21世纪以来,随着经济政治改革逐渐步入深水区,思想层面的现代转型,即对全体国民观念上的再启蒙成为与时代变革同步之所需。它承续的是依然是五四现代启蒙的精神传统,由于中国长期集权制的历史经验中缺乏现代性的价值和制度因素,难以自发地走上现代性转型的路径,因此对西方科学民主等价值的传播曾是彼时追求现代性的历史诉求,而"今天需要的是将科学民主的原则还原到知识与道理的层面,通过报纸传达到大众中间"[①],自觉的公民意识正是这种民主原则的题中之义,也是一个健全的现代社会与国家的必要条件。南周原主编左方说,启蒙是南周创刊20年来所做的两件事之一,中国的现代化进

---

① 洪兵.报人的最高境界是从容不迫——《南方周末》原主编左方访谈录[J].新闻记者,2003(8):58-59.

程再也不需要革命和暴力,而是经济发展和对民众的启蒙。① 南周的献词在这里正是扮演了一个现代性思想启蒙的角色,用南周 2000 年的形象广告词来说就是:"读者心中自有一盏灯。用我们的心,点燃启蒙的灯,科学、民主、法治、弘扬理性,润物细无声。"

继"公民"之后,在南周 2009 新年献词《没有一个冬天不可逾越》里,反复出现了一个新的词语"中坚":

> 让我们在自己的内心中汲取力量,寻找最热诚的信念。让我们继续前行,因为这是我们的责任,因为我们是社会的中坚。
>
> 我们是理性的爱国者。经历了地震的悲痛,经历了奥运的盛况,经历了 30 年改革开放之后,我们已经成年。当我们在这新年的这份新闻纸上相逢,我们已是社会的中坚。
>
> 这就是为什么我们不能犬儒,不能抱怨"那是不可改变的"。这就是为什么我们要寻找最热诚的信念。这就是为什么我们望向历史深处,回忆这个国家在一百多年来的兜兜转转。因为我们是社会的中坚。
>
> 历史的接力棒已经在我们手中。我们是社会的中坚。

"中坚"意味着社会建设的主力军,与弱者关怀这一批判话语相比,它不仅代表一套肯定性、建构性话语,而且暗含着公民对权利和义务的积极实践。对它的理解不妨以 2002 年南周的一则形象广告作为参考:"我们的读者有思想、我们的读者有责任感、我们的读者占有社会资源、我们的读者影响中国发展"。可以说"有思想""有责任感""占有社会资源""影响中国发展"这四种品质和行动力精炼地阐释了何谓"社会的中坚"。从 2001 年开始,南周每年年末都要展开年度人物评选,范围涵盖经济、文化、科技、体育等社会领域,这些人物正是社会中坚在物质与精神层面的具体代表。

2009 年新年献词对社会中坚的倡导,可视为公民意识启蒙后的进一步提升,其中透露出强烈的社会时代感和象征意义。因为已过的 2008 年极具特殊意义,一方面它是中国改革开放 30 周年,30 年来的巨大成就有目共睹,成为现代性转型的阶段性证明;另一方面 2008 年的中国也经历了一系列事件的考验:南方雨雪冰灾、汶川大地震、北京奥运会、"神七"飞天、"三聚氰胺"奶粉事

---

① 洪兵.报人的最高境界是从容不迫——《南方周末》原主编左方访谈录[J].新闻记者,2003(8):58-59.

件引发的食品安全、全球金融危机、华南虎、黄光裕等代表的司法案等,这些蕴涵社会时代性的诸多事件在 2008 年呈现井喷式爆发的态势,颇能代表现代性转型的阶段性特征。换言之,当代中国在面临 30 多年来工业化、市场化等社会改革带来的成果与弊端并存时,如何继续探索未来转型的路径并解决相应问题,在各领域内继续纵深式的制度革新与精神建设,不仅需要政府强有力的宏观主导,需要全体公民自觉的意识同步与共同参与,也需要一批具有社会资源和责任感的精英群体作为现代性进程的精神支撑与实践动力。"今天中国社会转型出现新格局,但也有新问题。这些都需要体制内、体制外的精英多多筹思的。"[①]因此,在倡导公民意识的基础上对社会中坚的呼唤,说到底是现代性转型过程中攻坚的需要,也标志着当代现代性进程中的阶段性过渡。在这一意义上,"中坚"是"公民"内涵的进一步提升和力量凝聚。南周新年献词继"公民"之后对"中坚"的倡导,是在新世纪初期现代性转型面临深水区的时代语境下,所采取的一种新型话语。

　　以历时性的眼光看,当代中国自改革开放以来进入现代性进程的新时期,随着社会改革的不断推进,新闻传播业相应也经历了一个"从解气式的情绪化宣泄到建设性的自觉参与,再到全方位的审视"[②]的理性自觉历程。南周从关怀弱者到公民意识启蒙再到倡导社会中坚,不仅标志着南周话语从 20 世纪末期的批判性向 21 世纪建构性立场的理性转变,这种转变是在针砭时弊的基础上,对整个社会的心理结构进行理性积淀与思想建设,是在经历了批判阶段之后推进现代性进程更加成熟的一种方式;而且,作为一种媒介话语,南周以概念表达和思想启蒙的方式,将"以人为本"这一现代性理念从社会层面上升至政治层面,阐释了个体在现代社会中的多重存在与意义。

二、从社会个体到民族国家

　　进入 21 世纪之后,南周新年献词不再局限于关注社会普通个体的深沉立场,同时也将视野提升至民族国家的高度,形成宏大的现代民族国家叙事。如

---

　　① 金耀基.现代性转型与转型社会[C]//秦晓.当代中国问题:现代化还是现代性.北京:社会科学文献出版社,2009:30-33.
　　② 喻国明.舆论监督:已经做的和应该做的[EB/OL].[2005-09-07]. http://cppcc.people.com.cn/BIG5/34961/51372/51377/52178/3675213.html.

表2所示：

表2　1999—2011年新年献词中"个体"等主题词出现年代和次数

单位：次

主题词	1999	2000	2001	2002	2003	2004	2005	2006	2007	2008	2009	2010	2011	总计
个体					2	4						1		7
国民					1			1	2			6		10
中国		4	2	20	10	13	5	4	20	7	7	1	8	101
国家	2	4		1	8		5	3	14		13	1	8	59
民族	2	4		1	4			2				1	1	15

比"个体"这一主题词更加频繁出现的，是"国民""中国""国家""民族"等话语，后者自2000年之后大量出现在献词中，成为21世纪以来南周新年献词话语构成的根本立场和结构性特征。诸如：

> 我们走在中国的大地上，我们捉摸着大地的脉搏，我们关注着中国的动向。（2002年新年献词）
>
> 物质的极大丰富、国力的极大增强，都表明这个国家正呈现出一种蓬勃向上的发展态势……为21世纪头20年中国的发展规划了一个美好的蓝图。（2003年新年献词）
>
> 这20年，中国持续激变。（2004年新年献词）
>
> 过去这一年，我们的国家迈向了自鸦片战争以来最接近实现民族伟大复兴梦想的历史关口。（2006年新年献词）

中国式的现代性——《南方周末》新年献词话语研究

> 经过百年激荡,三十年变革,这是一个越来越融入世界大潮,却又相伴着许多难题的中国。(2007年新年献词)

　　这些表明,与倡导个体意识与公民自觉相呼应,南周新年献词的另一重要特征是站在民族国家的高度展开现代性进程的历史叙事,或者说,民族国家是"个人的自主性原则在群体范围的扩大和应用"①。作为现代性在社会制度层面的表征形式,当中国日益深刻地融入全球化关系中,民族国家共同体的意义和集体认同显得尤为重要。在此之前,毛泽东领导建立的新中国完成了民族国家的初步建构,然而"从社会的整体结构尤其是现代政治社会的制度层面上,我们还处于早期现代的阶段,并没有真正完成国家建设的问题"②,在当代中国,"要达到这样的高度,仅靠经济领域的发展与改革是不够的,这需要包括政治、社会、文化在内的整体性改革"(2011年新年献词),这也必然要求在着眼个体关怀的同时放眼全局,以政治、经济、法律、社会、文化等全方位的体制性要求作为改革的诉求,在民族这一共同体形式内,进行以民主为政治内核的国家建构。进一步言,一方面,正如20世纪初期文人知识分子利用报纸杂志展开"新民"的思想启蒙,南周作为当代社会思想启蒙与知识传播的一种力量,对民主与权利的启蒙,对国族意识形态的呼唤,无疑有利于民族国家的制度完善。另一方面,民族国家得力于全体国民对这一共同体的想象性认同。本尼迪克特·安德森(Benedict Anderson)认为,民族首先是"一种想象的政治共同体"③,李欧梵据此提出,现代化在中国的最初呈现是从印刷文化(即报章杂志)出来的,而不是从抽象的思想出来的。④ 在中国现代性的开端,清末民初发达的报刊出版有利于国民在想象中构建一个民族共同体,从而对现代中国这一想象共同体的形成起了重要作用。在当代社会对民族国家认同感的塑造上,大众传媒和图文阅读同样充当了重要的想象形式。在南周的新年献词中,这种想象一是诉诸对国族历史的追忆,如"开天眼(西风东渐、启蒙运动)、反帝

---

　　① 许纪霖,等.启蒙的自我瓦解:1990年代以来中国思想文化界重大论争研究[M].长春:吉林出版集团有限责任公司,2007:31.
　　② 高全喜.现代性与中国的关系[C]//秦晓.当代中国问题:现代化还是现代性.北京:社会科学文献出版社,2009:40-47.
　　③ 本尼迪克特·安德森.想象的共同体:民族主义的起源与散布[M].吴叡人,译.上海:上海人民出版社,2003:5.
　　④ 李欧梵.未完成的现代性[M].北京:北京大学出版社,2005:59.

制(推翻清政府)、求统一(北伐、结束军阀混战)、争主权(抗日、废除不平等条约、建立新中国)、平均地权(土地改革)、改善民生(经济改革)"(2004年新年献词),"西风东渐,建兵工厂以御外侮,建学校以期未来,建报馆以开民智,因此德先生、赛先生给这个古老的国家带来了复兴之光。在这漫长历史的此端,我们可曾想过这个国家的希望从何而来?"(2009年新年献词)因为对"民族历史的'叙述'(narrative)是建构民族想象不可或缺的一环"①,这也是为什么自2004年以来新年献词经常追述历史的原因。二是来自于着眼当下,对当代发展成就,尤其是国家性事件的历数,以唤起国民对国家实体的概念,和对国家未来发展的信念。如"这一年,中国经济继续一骑绝尘快速向前,国家实力明显提升。"(2007年新年献辞)"我们签署了人权公约,加入了WTO,出席了八国峰会,也申办了奥运会。"(2008年新年献词)这二者共同构成了追求现代民族国家过程中全民共享的历史经验,并在整个民族的文化心理结构中形成积淀,成为民族国家共同体得以建构的知识和思想基础。此外献词中反复出现的"中国""祖国""我们"等话语,对于国家感的强调、共同体的暗示,也都有重要的心理建构作用。如:"在新世纪第一年的岁末,我们又兵分九路,走在中国的大地上。顺德、厚街、温州、利辛、武汉、宣汉、喀什、大同、沈阳,祖国的四面八方,各各不同的内涵和外表,我们走近你,我们走进你,我们想看清你的模样,我们想叩问你的心房。"(2002年新年献词)这里通过对地理空间的共同想象,构成了大众心目中共同的中国大地。简言之,"报纸不仅服务于它们的共同体,而且还创造这种共同体,之后它们领导着它们的共同体"②。

三、中国式的现代性话语

纵观1997年以来的新年献词,其现代性话语经历了从个体关怀及其权利意识,到民族国家及其公民意识的本质性转型,其最终所指,是建构个体与民族国家的价值同一性:

---

① 本尼迪克特·安德森.想象的共同体:民族主义的起源与散布[M].吴叡人,译.上海:上海人民出版社,2003:12.

② 杰克·富勒.信息时代的新闻价值观[M].展江,译.北京:新华出版社,1999:256.

中国式的现代性——《南方周末》新年献词话语研究

> 常人的悲欢日益成为国家的悲欢……(2007年年终寄语)
>
> 我们梦想着这样一个国民集体的出现……他们是尽责的公民,共同构造一个日渐和谐的社会。这是因为,我们没有其他家园,这个国家就是我们的家园;我们没有其他梦想,这个民族的梦想就是我们每一个人的梦想。(2009年新年献词)
>
> 伟大的国家与渺小的个人正在向着它们之间的一个和谐点迅速靠拢……(2011年新年献词)

在西方的现代性进程中,个体与国家的二元对立构成了现代社会重要的结构特征,市民社会是协调两者的重要形式。然而在中国这一民族国家建构的历史过程中,个人与国家是同时诞生的,二者之间在一开始并不存在在集权体制下那种冲突和紧张关系,它们是早期中国现代化的同一个过程。[①] 如今,建构个体与民族国家的价值同一性,即"一个日渐和谐的社会",这是对2009年党提出"构建社会主义和谐社会"这一概念的积极回应和意义阐释。这一概念不仅表明党在执政理念上的一次重要突破,而且,和谐原本是中国传统文化和思想崇尚的一种价值境界,与西方现代文明更加注重个体自由不同,中国文明更加注重个体与家庭、社会、大自然的和谐,更加注重社会秩序。在现代性转型中倡导"和谐社会"意味着,与20世纪前后中国追求现代性时激进地割裂与传统的联系不同,当代中国的现代性追求在西方现代性的参照之外,有意寻求一种植根于自身历史文化的中国元素与突破路径,努力重建现代性与自身传统之间的内在联系,和谐正在成为中国式现代性话语的一项核心价值。作为一种话语投射,南周新年献词围绕"和谐"理念形成的话语意义,正试图与自由、理性、民主、权利等西方现代性价值相互融合,形成中国现代性转型的特色路径和价值体系。

综上所论,现代性转型是中国100多年来历史脉络的终极命题,是"从传统社会向以现代核心价值观(自由、理性、个人权利)为支撑,以市场经济、民主宪政和民族国家为基本制度的现代文明秩序的转变"[②],至今仍然是一项"未完成的方案"(哈贝马斯语)。自20世纪80年代以来,当代中国以改革开放为

---

① 汪晖.个人观念的起源与中国的现代认同[C]//汪晖.汪晖自选集.桂林:广西师范大学出版社,1997:36-207.

② 秦晓.现代性与中国社会转型[C]//秦晓.当代中国问题:现代化还是现代性.北京:社会科学文献出版社,2009:18-26.

标志展开新一轮的现代性转型,以经济、政治、社会体制改革和思想启蒙为主题的变革,就是这一未完成的现代性在当代社会的继续努力与实践。"《南方周末》有幸,在这样的高潮中降生;《南方周末》记者有幸,亲眼目击和参与这场痛苦而辉煌的涅槃。"(2000年新年献词)实际上,作为当代中国改革开放一步步走向深入与全面这一现代性实践的产物,南周本身已成为现代性转型的构成部分,其"以人为本"的基本立场决定了它的启蒙话语实际上就是现代性话语范式的一种表征。新年献词作为南周精神内涵的典型体现,正是南周话语体系下的一条支流。十几年的新年献词围绕主题词的变迁,形成了一套具有鲜明逻辑走向的话语叙事,即从关怀弱者的批判性话语到倡导公民意识与社会中坚的建构性话语,从社会个体的立场到民族国家的视野高度。围绕社会现代性进程,无论是南周的揭黑批判,还是后来的建设性话语,它一方面折射出中国当代社会在30多年现代性转型中历经的不同阶段及特征,表征了现代性进程的不同面相,另一方面,这种价值诉求与转向本身即是现代性的内在要求,南周从反思批判到建设性话语,既表征和推动现代性进程,同时又是以现代性为依归展开的自我嬗变。现代性的历史经验表明,现代型转型既包含社会在器物和制度层面的结构性变革,也要有知识层面的思想启蒙与价值自反性,两者在追求现代性的进程中构成互为条件的两极内容,即马克斯·韦伯意义上的工具理性和价值理性。当过度追求工具理性而导致"理性的牢笼"时,需要高扬价值理性展开社会批判,通过现代性本身的自反性来达到社会建设之目的,因此批判与建设构成现代性进程中并存互动的二元结构。从这一角度说,那种认为南方周末在21世纪发生的转向失去了批判的力度,甚至被指为"异化""堕落"的观点未免过于情绪化,毋宁说,南周的话语转型既是当代中国现代性转型的外在表征,又是自身追求现代性转型的策略性结果,它以"记录时代进程""在这里,读懂中国"的方式,成为中国现代性这一宏大历史叙事的组成部分。

游走于"国"与"家"之间：
春晚叙事话语的复调与悖论*

意义的建构是符号在特定的政经体制、社会文化、历史传统等生产和传播语境中的表意实践。这种意义生产和再生产的社会化过程即是话语。在当代媒介社会，各种大众传媒活动充当着符号生产和意义建构的功能，由此形成普遍存在的媒介话语。在媒介话语的诸多形态中，中央电视台春节联欢晚会（以下简称"春晚"）由于其独特的媒介平台、组织方式、传播途径等，逐渐成为一种特殊的媒介事件和景观。

自1983年中央电视台首次现场直播春晚以来，至今已走过30多年的历史，它一方面几乎已经成为春节除夕夜一道必备的电视文化大餐，并成为中国人庆祝春节这一传统节日的一项新民俗、新文化；然而另一方面，在这30多年里，春晚从内容意涵到形式风格都基本定型为一套独特的话语表征系统。这是因为，相比于其他同类型的综艺节目，春晚有着独一无二的发展历史和时代背景："诞生于计划经济时代，成长于计划与市场经济更迭时期，并成熟于市场经济时代"[①]，正是这种由"计划经济的制作"和"市场经济的销售"形成的双重规范，使春晚在30多年间经历和完成了体制化的转变过程，与此同时也造就了一种举国上下审美疲劳的集体无意识，近年来国人对春晚的反思与批评之声不绝于耳。其根本原因在于，春晚的体制化决定了其作为一种负有特殊表意功能的媒介叙事话语，"自从第一届春晚开始，其表达一种民族国家意识形态的功能就是显而易见的"[②]。然而，一方面在春晚的民族国家叙事逻辑内

---

* 本文部分内容与观点曾发表于《南方电视学刊》2012年第6期。
① 李鸿谷.别闹了，春晚[J].三联生活周刊，2011(8)：38-39.
② Pan Zhongdang. Enacting the Family-Nation on a Global Stage: an Analysis of CCTV's Spring Festival Gala[C]// Michael Curtin, Hemant Shah. Reorienting Global Communication: India and Chinese Media Beyond Borders. Urbana, Chicago: University of Illinois Press, 2010: 240-259.

部,实际上存在某种对立冲突,难以形成自洽完整的叙事结构。另一方面,这种特殊的表意叙事话语在逐渐剥离这一传统节日的原始内涵,在凸显民族国家这一宏大意义的同时,传统家庭的民俗内涵在逐渐弱化和退隐。从另外一个角度,在春晚逐渐体制化的过程中,包含多重意义和权力形式的参与建构,形成了一个具有独特叙事结构的"春晚话语"。它一方面在多重话语的参与下形成了一个复调式的意义场,另一方面由于这多重话语内在逻辑的矛盾冲突,又不可避免地造成意义场内的相互对抗与消解,最终使春晚成为一个意义表征的悖论。

一

媒介话语的本质取决于话语对象的基本属性和内在逻辑。春节作为中国民俗中最重要的节日,人们除了祭拜天地先祖等神灵祈福这一传统之外,另一项重要庆祝内容就是在除夕夜各家各户围炉而坐吃年夜饭。《清嘉录》记载:"除夕家庭举宴,长幼咸集,多说吉利语,名曰'年夜饭',俗称'合家欢'。"清人让廉的《京师风俗志》中也有类似的描述:"除夕,都人不论贫富,俱多市食物……家庭举宴,少长皆喜。儿女终夜博戏玩耍。妇女治酒食,其刀砧之声,远近相闻。"周宗泰的《姑苏竹枝词》道:"妻孥一室话团圆,鱼肉瓜茄杂里盘。下箸频数听仟语,家家家里合家欢。"可见,除了年夜饭,除夕夜也是老少咸聚、合家团圆、欢庆节日的重要时刻。也正是在这个特殊的节庆场合,人们暂时忽略了传统社会中长幼有序的家庭等级关系,家庭成员不分老幼尊卑,在家庭的娱乐活动中和谐相处、其乐融融,正如宋代诗人郑望之在《除夕》一诗中描述道:"可是今年老也无?儿孙次第饮屠苏。一门骨肉知多少?日出高时到老夫。"作为长辈的"老夫"和儿孙们在年夜饭上尽情宴饮,无拘无束。换言之,作为中国传统民俗之一,春节是在以家庭中心主义为特征的传统社会,借此特殊的神圣时刻,以家族共同体的仪式举行天、地、神、人四位一体的神圣沟通和心灵体验,暂时打破日常生活的等级秩序,创造大众狂欢的民间活动。在传统除夕和春节的意义当中,包含了一种以家庭或家族为单位展开喜庆和狂欢的民俗内涵。

春晚的原意之一即是继承了春节的这种狂欢性质,不同的是,作为一种新形态的叙事话语,春晚是通过电视这一现代媒介对这项民俗活动的权力介入,采用电子传播和大众文化消费,以电视晚会直播的方式,营造跨时空全民观看

游走于"国"与"家"之间:春晚叙事话语的复调与悖论

和集体娱乐的"联欢"情境,借助电视这一现代大众传媒形式,春晚将传统春节的家庭团聚和狂欢化转换至国家和全民联欢的层面上,并因此在30年的积淀中成为春节的新民俗。换言之,春晚一方面创造性地代替了传统社会中"家族仪式所连接的天、地、神、人的观念及其实质在现代社会中的衰落"[①],承续着春节民俗在此刻神圣时间内的群体仪式功能,填补这一传统民俗仪式在现代社会的结构性空缺;另一方面,春晚通过各类流行文化与民族艺术的共同消费来抹平日常生活与社会等级的差异性,在制造大众社会节日狂欢的体验中来继承春节的民间狂欢化功能,制造大众社会的狂欢体验,春晚歌曲中"咱们老百姓啊,今儿个真高兴"正是这种狂欢化典型的意义表达。在这种意义上,春晚是春节这项传统习俗经由大众传媒现代转换的产物,以狂欢化与仪式性为特征的民间话语,是传统春节民俗在现代社会的延续,它们构成了春晚的初始属性和内在逻辑,是春晚话语这一独特叙事结构中的第一重叙事逻辑。

然而,正是由于电视这种现代媒介的介入,传统春节的家族仪式性与民间狂欢化特征在春晚中逐渐发生本质性的变化,或者说,春晚上述的第一重意义叙事,遭到了春晚话语场中第二重意义叙事——民族国家意识形态叙事——的消解。

任何一种媒介话语的形态和意义表征都要受制于其所在社会的政经体制、媒介机制、文化精神等外部语境。我国的政经组织形式和媒介机制决定了媒介话语具有政治正确和国家意识形态优先的社会属性。春晚作为一道延续了30年的独特的媒介景观,其话语的叙事模式和意义指向受到上述社会因素的深刻影响。20世纪80年代的春晚由于还未完全走向体制化,仍是"真材实料的娱乐"[②],此时的春晚尚能延续春节这一传统节日的大众娱乐功能。然而90年代之后,随着春晚受到官方的高度重视,强化其在政治层面上的意识形态宣传和道德层面的教化,加上在制作流程上采用央视内部的招标制和市场化运作,春晚逐渐演变为一场寓教于乐的体制性媒介盛宴。这种体制性主要体现在它"计划经济"式的生产方式,即在以中央电视台这一官方电视媒体为代表的国家干预和层层审批之下展开,其生产的过程包括"演艺资源的控制、行政资源的倾斜、收视资源的独占"[③]。由于央视媒体的这种官方属性及其喉

---

① 吕新雨. 仪式、电视与意识形态[J]. 读书,2006(8):123-132.
② 张涛甫. 春晚:还有多少悬念让人牵挂?[N]. 文汇读书周报,2011-01-28(3).
③ 李鸿谷. 别闹了,春晚[J]. 三联生活周刊,2011(8):38-39.

舌功能，决定了春晚作为一种特殊表意的媒介叙事，它最大的叙事逻辑是基于民族国家的层面，围绕"中华民族"展开民族国家的宏大叙事：它借助新年除夕这一独一无二的时间感受和节日体验，超越时空地将海内外的中华儿女召唤在电视机前，以民族大联欢的群体仪式建构个体的族群身份和民族国家的心理认同，因此被视为"一个提醒观众意识到他们都是一个具有悠久传统的伟大文明的一份子"[1]，这种意识形态的功能在于"把具体的个人'构成'为主体"[2]，春晚有关民族国家意识形态的召唤实际上已经改变了观众的身份存在，将其原本作为家庭、家族的一员重新建构为民族国家当中的一名社会成员，家庭凝聚感的自觉意识实际上已质变为对民族国家认同感的有意建构，在这一意义上，春晚逐步演变为一个建构民族国家意识形态的政治仪式，一个叙述和建构民族国家共同体的媒介事件，这一共同体中包含了个体认同、家庭团圆、社会祥和、民族复兴、国家富强的多层价值链，并在此基础上实现全民的道德伦理教化和民族国家意识形态的宏大整合，这成为春晚在春节传统习俗上衍生出的现代外部意义，该意义维度构成了央视春晚话语结构中的第二重叙事。正是这第二重维度，与春晚上述第一重维度的意义叙事发生抵牾，并在某种程度上对后者造成意义上的解构。换言之，春晚的狂欢化原本来自于电视大众在观看节目时能暂时卸去日常生活的压力，体验由节目表演带来的审美体验和身心愉悦。然而就在大众观看春晚的过程中，他们又被整编进由节目建构的道德教化和民族国家意识形态的意义架构中。

  为了实现民族国家叙事的功能，春晚在历年的主题设定、节目演员、表现题材等具体方面都形成了一套准入机制，这套准入机制从微观到宏观层面均影响着春晚话语的意义生成，其工作的首要方式表现为选择与强调。央视的机构体制及其政治属性决定了政治正确作为春晚话语意义叙事的重要原则，规范着春晚在立意上必须选择性地表现国家当年的主题和相关事件，为此每年春晚都会设定一个价值观念鲜明的主题，以契合和呼应时代的主流意识形态。如2008年春晚的主题是"盛世中国、和谐社会"，为此晚会重点表现了"十

---

[1] Pan Zhongdang. Enacting the Family-Nation on a Global Stage: an Analysis of CCTV's Spring Festival Gala[C]// Michael Curtin, Hemant Shah. Reorienting Global Communication: India and Chinese Media Beyond Borders. Urbana, Chicago: University of Illinois Press, 2010: 240-259.

[2] 阿尔都塞.意识形态与意识形态国家机器[C]//陈越.哲学与政治：阿尔都塞读本.长春：吉林人民出版社，2003：320-375.

游走于"国"与"家"之间：春晚叙事话语的复调与悖论

七大""嫦娥一号"，尤其是举国上下抗雪赈灾和即将迎来的奥运盛会等题材；2009年晚会专设"北京奥运""航天英雄""汶川抗震"三大主题版块，以及"改革开放三十年纪念金曲"联唱，来共同演绎"中华大联欢"的主题；2011年春晚以"创新美好生活，共享阖家幸福"为主题，寓意在新的"十二五"开局之年对幸福生活的企望，重点突显了建党90周年、广州亚运会、迎接"十二五"、汶川三年重建提前完成、高铁年等。国家年度的重要议题成为春晚节目单上的规定性动作，其结果必然是春晚"逐步变成针对过去一年国家发生的重大事件进行庆典式的歌颂"①，其中编码了社会发展的主旋律和民族国家的主流意识。纵观30年春晚的主题(见表1)，几乎都跳不出这一范围框架，其含义几乎都指向或归于国家层面。

表1 1983—2013年春晚主题一览表

年份	春晚主题
1983	举国除夕万家欢，共品春晚头道餐
1984	爱国、统一、团结
1985	团结、奋进、活泼、欢快
1986	团结、奋进、欢快、多彩
1987	团结、向上、喜庆、红火
1988	团结、奋进、欢快
1989	团结、欢乐、向上
1990	团结、和谐、欢快
1991	团结、欢快、多彩
1992	团结、欢乐、祥和
1993	欢乐、祥和、自豪、向上
1994	团聚、自尊、奋进、祈盼

① 吴琪.春晚的谱系[J].三联生活周刊,2011(8):48-55.

续表

年份	春晚主题
1995	亲情、友情、乡情
1996	欢乐、祥和、凝聚、振奋、辉煌
1997	团结、自豪、奋进
1998	中华民族春节大团圆,万众一心奔向新世纪
1999	欢歌笑语大团圆
2000	满怀豪情跨世纪,龙腾报春庆振兴
2001	新世纪、新希望
2002	祖国颂、社会主义颂、改革开放颂
2003	凝聚力、自信心
2004	祝福
2005	盛世大联欢
2006	爱与和谐
2007	欢乐和谐中国年
2008	盛世中国、和谐社会
2009	中华大联欢
2010	虎跃龙腾闹新春
2011	创新美好生活,共享阖家幸福
2012	回家过大年
2013	新春中国

表1显示,自1983年首届直播春晚以来直至2013年,在历年春晚的主题设置中,一些关键词反复出现,其中出现频率最高的是"团结",与"团结"同时

游走于"国"与"家"之间:春晚叙事话语的复调与悖论

经常出现的还有"奋进",在这一语境里,所谓"团结"的含义是指向社会、民族、国家的层面,而非家庭的层面,该意指能够通过主题中的另一些关键词得到印证,如"中华民族""中华大联欢""中国年""盛世中国""新春中国""举国""爱国""祖国颂""和谐社会"等。这是因为,春晚虽然以春节这一传统民间节日为表意对象,然而一旦纳入以央视为这套国家官方话语的生产部门和展示平台,春晚也就从传统民间话语转变为一套现代国家话语的表意形态。进入21世纪之后,在这套生产模式中,早期春晚主题中的"团结"被有意识地置换为"和谐""共享""凝聚力"等,以便与建构和谐社会的时代主题相契合。而诸如"中华民族春节大团圆,万众一心奔向新世纪""祖国颂、社会主义颂、改革开放颂""盛世中国、和谐社会"等则更为直接地点明春晚的主旨内涵。上述这些主题词的反复出现,共同界定了春晚基于国家层面的叙事框架和主题立意:春晚自其产生之日起便是一种民族国家叙事,而且这种民族国家叙事中包含的意识形态内容也在与时俱进,从表层上的"团结"上升至本质上的"和谐"。这意味着,从整体上看,春晚围绕民族国家的叙事框架在30年中已经定型并不断强化。因此可以说,春晚实际上是一道在立意上的"命题作文",是一个年度中国的标准化叙事。这决定了无论每年春晚表现的议题在节目内容和形式上有多么不同,但其背后围绕民族国家展开的宏大叙事具有某种趋同性,即以彰显党的领导、社会的繁荣、国家的富强来建构社会的向心力,倡导主流意识形态,强化民族国家共同体的建构,这已逐渐成为春晚话语中的核心要义。而相应于宏观的主题设定,这种政治话语具体落实在春晚的具体演员和各类节目题材当中。

就演员而言,每年春晚庞大的演员阵容动辄千人,然而纵观历年春晚,均有一批演员不出意外地出现在春晚舞台上。其原因之一在于,他们以其独特的身份象征和节目内容构成春晚国家叙事不可或缺的内容,成为春晚这一国家叙事话语结构中必要的叙事符号。例如2011年春晚,"不管歌舞节目会压缩到什么程度,宋祖英和谭晶的独唱都不可缺——宋祖英代表了民歌,谭晶要为建党90周年献礼"[①]。谭晶在当年春晚中的一曲独唱《旗帜更鲜艳》,以"南湖的红船""井冈山的烽烟""遵义的霞光""窑洞的风寒""春天的故事""新时代的画卷"等描述和歌颂中国共产党的奋斗历程;伴随着歌声,在舞台大屏幕上不断播放我国多位领导人慰问群众的画面,而伴舞者则形成一片鲜红的颜色

---

① 曾焱.流水的音乐总监,铁打的晚会趣味[J].三联生活周刊,2011(8):60-66.

与国旗象征性地呼应。此时春晚的政治意指远远大于它的其他意义。在春晚节目中,诸如此歌舞类的节目是表现国家主题和意识形态的重要方式,而历年担任这一表意叙事功能的总是一些具有特定身份的固定歌手,春晚的这种选择机制从 2000 以来参加春晚的歌手排行中可见一斑,具体见表 2。

表 2　2000—2013 年参加春晚的歌手排行表①

歌 手	2000	2001	2002	2003	2004	2005	2006	2007	2008	2009	2010	2011	2012	2013
宋祖英	✓	✓	✓	✓	✓	✓	✓	✓	✓	✓	✓	✓	✓	✓
吕继宏	✓	✓	✓	✓	✓	✓	✓	✓	✓	✓	✓			
蔡国庆	✓	✓	✓											
谭　晶	✓			✓	✓	✓	✓	✓	✓	✓	✓	✓	✓	✓
佟铁鑫	✓	✓												
汤　灿	✓	✓	✓	✓	✓	✓								
张　燕	✓		✓	✓	✓	✓		✓	✓		✓	✓		

从表 2 可以看出,宋祖英、吕继宏自 2000 年起,几乎每年照例都会出现在春晚的舞台上。而实际上宋祖英自 1990 年首次亮相春晚以来,至 2013 年已是连续 24 次参加春晚,在春晚舞台上已有其固定的歌唱位置。因为就出身、履历和歌曲作品而言,"在春晚姹紫嫣红的女星阵容中,宋祖英是最能代表中国的民族—国家形象的"②,成为一个国家符号的象征。以宋祖英为代表的这些歌手基本囊括了春晚歌曲中的大部分独唱和重要曲目。究其原因,他们演唱的歌曲均以弘扬主旋律或颂扬民族国家为主,这正是春晚这道命题作文的重要内容,而且他们的身份背景和职业履历符合春晚歌手形象正面、能体现大国风范的要求:宋祖英、吕继宏隶属海军政治部文工团,蔡国庆、谭晶属解放军总政歌舞团,佟铁鑫属空政歌舞团,汤灿、张燕属中国东方歌舞团。这些歌舞

---

① 部分资料参见丘濂,丁筱净.那些春晚的熟脸们[J].三联生活周刊,2011(8):56-59.

② 潘知常.最后的晚餐——春节联欢晚会与新意识形态[EB/OL].[2007-02-15]. http://pan2026.blog.hexun.com.tw/7839920_d.html.

游走于"国"与"家"之间:春晚叙事话语的复调与悖论

团均是国家级的重要艺术团体。由于这些身份,他们在春晚舞台上象征的是国家而非个体,已成为"国家意识形态的缤纷景象"①。

在春晚的具体节目中,一个富有象征意义的标志性事件是,一首原本普通的民间歌曲《我的中国心》,由于出现在1984年的春晚舞台上,从此就被赋予了国家象征的意义。这首歌曲身份和意义的转变标志着春晚一套独特的意义表征和转换机制:现代民族国家叙事代替传统的个体家庭叙事,成为春晚节目内容的主导话语,春晚由此也成为体现国家意志与形象建构的话语平台。这套话语大体可分为两个层面:从个人的角度言,是倡导对党和国家的奉献,对民族国家的认同。如黄宏扮演的以修自行车为生的下岗工人高呼"我不下岗谁下岗!"(《打气儿》1999),赵本山扮演的农民黑土喊出"百姓安居乐业,齐夸党的领导。尤其人民军队,更是天下难找……纵观世界风云,风景这边更好!"(《昨天 今天 明天》1999),歌曲中唱道"我爱你中国,我要把美好的青春献给你"(《我爱你中国》2008)。从国家的角度言,则主要是歌颂在党的领导下人民生活幸福、民族复兴、国家昌盛,如《好日子》(1998)、《祖国颂》(2009)、《走向复兴》(2010)、《党的政策亚克西》(2010)、《旗帜更鲜艳》(2011)。由于这套政治话语的介入,也即在国家意识形态的召唤之下,春晚的节目从形式、内容到表演效果,都很难产生纯粹的狂欢化效果。春晚中一种重要的节目形式相声本是一种源于民间市井、不平则鸣的话语表达形式,通过抖包袱的方式产生笑料。然而春晚的许多相声在体现国家意识形态的歌颂式题材中遭到了全面改造,如《今非昔比》(2003),意在着力表现因为"党的政策好",农民的生活已经"今非昔比",而作为主要结构的抖包袱在节目的一片夸赞之词中已经难以产生喜剧性的效果。小品有时同样要担负宣传社会主流价值的政治任务,例如《兄弟》(2004),从一场亲子鉴定的误会引出城里人和乡下人的贫富差距和观念冲突,两人最终化解矛盾并达成城乡互助的兄弟情谊,然而"这种建构'兄弟'之情的企图背后恰恰是现实的城乡分裂,所以很矫情。现实的严峻和这种'政治正确性'之间无法弥补的反差,决定了负载这种政治任务的小品左右为难的处境。这就使它丧失了诙谐和戏仿的功能,无法提供狂欢的反抗性,从而丧失了使观众获得快感的来源"②。因此,在节目中加入了一套政治修辞,春

---

① 潘知常.最后的晚餐——春节联欢晚会与新意识形态[EB/OL].[2007-02-15]. http://pan2026.blog.hexun.com.tw/7839920_d.html.

② 吕新雨.仪式、电视与意识形态[J].读书,2006(8):123-132.

晚是无法真正产生狂欢体验的。从具体节目扩展到节目所表现的题材，也体现出准入机制强烈的选择性。央视的机构体制及其政治属性决定了政治正确作为春晚话语意义叙事的重要原则，规范着春晚在立意上必须选择性地表现国家当年的主题和相关事件。因此，对于每年春晚节目要表现的题材内容，首要考虑的即是当年发生的的重大社会事件，尤其是能够反映一年来我国发展建设成就的事迹，如2008年春晚着重表现了党的"十七大"召开、"嫦娥一号"成功奔月、南方抗雪赈灾，2009年春晚专设"北京奥运""航天英雄""汶川抗震"救灾三大主题版块，以及"改革开放三十年纪念金曲"环节，2011年春晚重点表现建党90周年、广州亚运会、汶川地震三年重建提前完成、高铁年等议题，2013年则邀请"神九"飞天的航天员登台等。总之，春晚在议题选择和设置上充当了一种年度总结式的中国叙事，在这种叙事中完成一个民族国家的媒体再现与建构。

然而，春晚的准入机制除了选择和强调之外，还有隐性的另一面：忽略与禁忌。所不同的是，选择和强调的议题多为社会的积极面，包括上述的各类国家事件和英雄式人物，而忽略的议题则是社会的断裂面，包括社会的弱势群体和矛盾冲突。由于这些社会问题不合春晚作为民族国家叙事的本意而被默认为春晚的话语禁忌。例如，历年春晚节目内容涉及的题材类型主要包括农村农民题材、城市市民题材和军旅体育题材，表3统计了2000年以来春晚表现这三种题材类型的节目数量和分布情况。

表3 2000—2013年春晚节目农民、市民、军旅体育题材数量分布表

年份	农民题材节目数量	市民题材节目数量	军旅、体育题材节目数量
2000	1个	6个	0个
2001	0个	7个	1个
2002	0个	8个	1个
2003	0个	5个	1个
2004	1个	6个	2个
2005	0个	7个	2个
2006	2个	6个	1个

游走于"国"与"家"之间：春晚叙事话语的复调与悖论

续表

年份	农民题材节目数量	市民题材节目数量	军旅、体育题材节目数量
2007	2个	6个	1个
2008	2个	6个	2个
2009	2个	4个	2个
2010	1个	5个	1个
2011	2个	8个	1个
2012	1个	6个	1个
2013	0个	5个	1个

从表3中可以看出，在三种表现题材中，城市市民题材是每年春晚节目表现和叙事的绝对主体内容，此外军人和运动员也几乎每年都有涉及，这是因为他们特殊的职业与身份同样被视为国家形象的象征符号；相形之下，农村与农民题材在一定程度上则被春晚忽略或边缘化。这是因为，在中国社会现代化进程的大背景下，无论在社会现实还是思想观念中，农民都是社会所有阶层中距离"现代性"最远的群体，因此在春晚这一带有年度总结意味的国家叙事舞台上，农村与农民这一社会问题也最容易成为话题的禁忌，农民要么成为缺席的主体，例如2002年春晚，其时因为"三农"问题已成当时社会凸显的危机之一，当年的节目之一《英语大家说》（2002）为迎接奥运，"疯狂英语"的创造者李阳带领城市中的大爷大妈、的哥的姐、空姐空嫂、警察、售货员和小朋友等数十人学说英语，唯独没有农民，农民由于远离国际化和现代性而已被"大家"一致排除在外了；农民要么扮演面对"现代"的落伍者，在现代社会的聚焦下言行错位乃至误会丛生，成为节目中制造喜剧效果的对象，典型的节目是赵本山的农民系列小品：《钟点工》（2000）、《说事儿》（2006）、《策划》（2007）、《火炬手》（2008）、《不差钱》（2009）、《捐助》（2010）。这些小品中"农民"的本意已被掏空，农民和农村生活纯粹成为现代社会猎奇和娱乐的对象，《策划》中公鸡下蛋，《火炬手》中"黑土"面对镜头时只会叫好鼓掌的失语窘态，《不差钱》里小沈阳服装的伪现代、毛毛在面对舞台表演时紧张到语无伦次的洋相，这些刘姥姥式的出丑成为节目出彩的主要包袱和笑点。此外，表3还显示出，自2000年以来的春晚除了赵本山的农民题材小品之外，涉及农民题材较多的包含2006

和2008年,这是因为此时"三农"问题已成为政府工作的重点,媒体随之也将其列为关注的重要议题,而并非春晚节目的常态。2011年"我要上春晚"版块意图打破明星话语对春晚的垄断,邀请工农草根阶层登台自我展示,但实际上,任月丽的一首《想家》着重表现的是这位"西单女孩"坚韧的个人奋斗和温暖的家庭亲情,却忽略了她北漂生活的艰辛;街舞《我们工人有力量》展现了农民工积极的人生态度,但尴尬的是,农民工并非真正的工人,更重要的是,春晚此类题材通常都将农民工塑造为城市建设的贡献者,却无视现实中农民工无法融入城市的游离身份和他们的底层生活,多数情况下屏蔽了与农民工利益相关的社会问题。

上述的选择和忽略共同构成了春晚关于民族国家叙事的话语逻辑。一方面对某些议题的选择与强调有利于构筑民族国家这一想象的共同体及其意识形态。围绕这些议题展开的节目甚至台词均是"国家文化意识的一个传递"①,其结果必然是春晚"逐步变成针对过去一年国家发生的重大事件进行庆典式的歌颂"②,试图在庆典歌颂中引发对国家发展成就及其意识形态的认同。但在另一方面,由于忽略机制对某些社会议题的回避和禁忌,注定了春晚在庆典歌颂的同时无法真实地再现过去一年国家的发展历史,尤其是社会底层民众的生活状况和心理表达。春晚叙事"理想的状态是,它必须消化掉一年来所有的杂音,给出一个'可信'的主旋律"③。而在主旋律之外,对某些社会群体的片面表征或缺席表征,如农村和农民,不可避免地会弱化春晚关于民族国家话语的意义叙述。由选择和忽略构成的二元张力,在某种程度上形成了春晚关于民族国家叙事逻辑的内在悖论,而因为忽略造成某些议题的缺失,使春晚围绕民族国家展开的叙事也难以形成一个自洽完整的叙事结构。

此外,每年春晚都有相当一部分节目包含着道德价值观的宣传教化,这些节目从个体、家庭、社会诸层面组建了一串道德价值链。从个体的层面,这类节目强调善良、诚实、守信、廉洁等道德信条,如小品《好人不打折》(2004)、《实诚人》(2006)、《新闻人物》(2008)、《五十块钱》(2010),相声剧《还钱》(2011);从家庭的层面,宣扬夫妻恩爱、父慈子孝、关爱老人等人伦常情,如歌曲《常回家看看》(1999)、《天下父母心》(2004)、《家在心里》(2011),小品《浪漫的事》

---

① 郎昆.春晚对于我们的文化意义[N].解放日报,2009-03-06(18,19).
② 吴琪.春晚的谱系[J].三联生活周刊,2011(8):48-54.
③ 黄平."中国故事"的讲法——以2011年春晚为例[J].天涯,2011(2):180-185.

游走于"国"与"家"之间：春晚叙事话语的复调与悖论

(2005)、《将爱情进行到底》(2007)；从社会的层面，倡导爱心、互助、宽容、信任等行为准则，以建构和谐的人际关系，如歌曲《邻里之间》(2005)、《大雪无情人有情》(2008)，相声《公交协奏曲》(2008)、《不能让他走》(2010)，小品《都是亲人》、(2003)、《送礼》(2007)、《美好时代》(2011)。经过对这些节目的意义解读，会发现这些节目在讲故事时，或隐或显都有一个共同的现实语境作为道德训诫的背景，即当代社会在市场化进程和商业化潮流中面临着物欲诱惑和道德失范，节目中的教化和故事结局正是要以道德对抗金钱，彰显一个理性战胜物欲的"美好时代"。换言之，春晚舞台上演的"道德剧"探讨的一个重要话题是道德与金钱的关系，通过高扬个体的私德与社会的公德，以寻求化解利益冲突、解决社会问题的治心之道。然而，这种道德教化有时却遭到了来自春晚内部的自我解构，某些节目在道德和物欲两者关系的处理上会产生意想不到的荒谬效果。如小品《"聪明"丈夫》(2011)，某房地产公司销售冠军大黄（黄宏饰）为了争一套奖励房，与妻子假离婚，最后假象被拆穿，原本支持他的公司同事和初恋女友都表示"我看不起你"，公司老板更是早将房子奖给另一位销售冠军老王，因为"老板说了，老王夫妻恩爱，家庭和睦，只有对家庭负责任的人，才能对公司业务负责任"，大黄因此面临物欲沦陷的道德批判。讽刺性的是，房子的问题被归结为房奴们的贪婪："做人真的不能太贪心啊"，和为了房子出卖妻子名誉的房奴们相比，小品中缺席的房地产商老板因为其明智的奖励抉择被暗示为尊重家庭伦理和弘扬社会价值的道德楷模。大黄的自我救赎之道同样包含讽刺意味，继续为房地产商"奋斗"即可："你放心，明年我继续努力，我还是销售状元！"伦理道德高于物欲追逐的训诫本意，最终演化为道德向商业妥协，商业主即道德的化身，道德完善的途径竟然是追求商业利益的最大化，这堪称春晚悖论的经典寓言。

语言也是制造狂欢效果的重要方式，对于春晚的重头戏语言类节目尤其如此。如《说事儿》(2006)"崔永元：大叔啊，听说你们这次到北京是搭专机来的？黑土：啊，是搭拉砖拖拉机过来的。"《不差钱》(2009)"毛毛：我非常感谢我姥爷能给我这次机会，我太感谢你了，如果你真能把我领上道了，我感谢你八辈儿祖宗，我代表八辈儿祖宗都感谢你，我忘不了你对我的大恩大德，我这辈子也不会忘记你，我做鬼都不会放过你的！"语言的双关、混搭或错位是春晚相声、小品抖包袱的主要方式，诸如此类非常规的语言对春晚制造喜剧效果和欢乐气氛确实起到了重要作用。然而这仅仅是春晚语言的一个面相，与之构成鲜明对比的是春晚语言的另一特征：套路化和官方化。这典型体现在春晚主持人的台词上。一方面，春晚包含的民族国家意识形态的话语属性决定了主持人的台词绝不是个人意志的表达,而是民族国家叙事的代言人。主持人不仅串联节目,更重要的是代言表达官方感情,参与春晚国家主题的阐释,这不仅使他们的主持话语具有浓厚的象征意义,也使春晚成为全国最大的行话舞台。如 2011 年春晚零点前的主持词:"红红火火逢盛世,欢欢喜喜颂华年,一帆风顺年年好,万事如意步步高。家家小康欢乐日,春回大地艳阳天。春天在召唤,亲爱的朋友们,我们已经踏上了 21 世纪第二个十年崭新的征程,'十二五'规划已经铺开了宏图画卷,新的一年我们将迎来中国共产党成立九十周年,在党的旗帜引领下,万众一心,实现中华民族的伟大复兴……"这套政治修辞围绕党、民族、国家形成了一种宏大的官方叙事,不仅空洞抽象,而且十分套路化,如果去掉其中特定的时间和事件,这套语言修辞放在任何一年的春晚上几乎都是适用的。另一方面,套路化和官方化使春晚的语言体现出高度的仪式性,然而这种仪式性已非传统春节包含的家族仪式性,而变成了一种国家仪式,并且,这种国家仪式由于电视的单向传播和对时间的垄断而具有了一种强迫性,它使语言本身的感染力不复存在,语言不再是内在真情的自然流露,而变成某种规范意义的外在强加。如此一来,上述非常规的民间语言和规范的官方语言构成了春晚语言的两极,它们有着各自不同的意义指向和心理效果。对于电视机面前的大众而言,他们的情绪始终处于刻意制造的欢庆氛围里被牵着走,他们在寻求节目愉悦的同时还必须不时聆听政治和道德的宣传洗礼,春节原本的狂欢心理体验和家庭仪式性在这两种话语的强烈张力中消弭殆尽。

  狂欢的本意是在欢笑中暂时忘记日常生活等级化的秩序世界,乃至去中心化,而春晚随着民族国家意识形态的全面介入和对其成员的道德教化,作为对象的观众很难再保持传统节日的喜庆心态,春晚实际上已将春节"'篡改'为对于一个个孤立个人的'意识形态格式化'的契机"[①]。换言之,春晚的话语叙事恰恰是要强化国家意识形态这个中心,建立和强化社会的道德伦理秩序。在国家意识形态的召唤下,作为对象的大众很难再保持节庆的轻松心态,节日的狂欢庆典也由于国家意识形态化和电视技术而丧失了全民参与的自由度,"它已经被新意识形态所'买壳上市',春节之为春节也毕竟因此而失去了其原

---

① 潘知常.最后的晚餐——春节联欢晚会与新意识形态[EB/OL].[2007-02-15].
http://pan2026.blog.hexun.com.tw/7839920_d.html.

游走于"国"与"家"之间：春晚叙事话语的复调与悖论

有的快感和意义，最终从民俗的狂欢走向伪民俗的无趣"①。从这一意义上说，在春晚这个话语场内，代表春节民间话语的家族仪式性和大众狂欢化这一原初内涵，遭到了民族国家意识形态这一政治话语的全面介入和消解。

二

随着中国市场经济的深入与消费主义意识形态的不断扩散，以广告为代表的商业资本逐渐介入当代春晚的话语体系中，且有愈演愈烈之势，成为春晚叙事结构的另一重要维度。央视春晚自20世纪90年代以来，逐渐形成市场化和体制化的运作方式与特征，其表现之一即春晚利用其优势性的政治资源和象征意义，与商业资本达成某种契合，允许商业广告的进入，从而获取经济利益。整场晚会软硬兼施的广告设计和商业话语，包括报幕、台词、字幕、贺电、拜年、特写、冠名等各种植入方式，使春晚在娱乐和教化大众的同时，也成为广告展示和资本竞争的一块商业场，并对当代春晚话语的意义结构形成相当大的影响。这种由广告话语构成的全新商业叙事强化了春晚的商业气息与消费主义性质，成为春晚复调话语的第三重维度，从而与春晚的民间话语和政治伦理话语形成三足鼎立之势，而正是这第三重维度的商业叙事，又对第二重维度的政治伦理叙事在叙事逻辑上构成对抗乃至意义的消解。

由于央视具备垄断性的国家平台和高收视率，除夕春晚这一年度黄金时段也成为各大企业竞相投放广告的吸金之所。在每年一度的央视黄金资源广告招标中，春晚占据重要比重，其中包括晚会前后的广告套装和企业赞助，而中标企业的套装广告会出现在春晚节目流程的各个环节中。商业话语对当代春晚的介入深度以广告收入为最直接有力的证明：2002年春晚广告总收入2亿元，2009年升至近5亿元，2010年达6.5亿元，2011年仅广告标底就达2.912亿。春晚根据企业广告投放额度不同，在晚会中细分为进场价、贺电价、特写镜头价、片尾字幕价等多个档次，其中吸金率最高的当属零点报时冠名广告和"我最喜爱的春节晚会节目"评选活动冠名广告。以后者为例，评选活动冠名广告费从2006年的4508万开始，每年增长约500万，到2009年骤增至7099万元，2010年达1.1099亿元，2011年的标底就高达1.26亿，其增长速

---

① 潘知常. 最后的晚餐——春节联欢晚会与新意识形态[EB/OL]. [2007-02-15]. http://pan2026.blog.hexun.com.tw/7839920_d.html.

度是显而易见的。随着广告的竞相投入,春晚逐渐形成了一套成熟的商业运作模式,成为市场化程度最高的一台晚会。这不仅体现在春晚详备的广告招标体系,更在于春晚节目中包含的各种广告形式,后者从春晚中最初的硬广告发展为各式活动营销、事件营销、植入式广告等。如 2002 年春晚小品《邻里之间》结尾,演员们集体亮相,高举手机号召大家都到手机上发信息,实际上就是一个变相的手机短信广告。而当年由央视和中国移动合作推出的"2002 年春节联欢晚会"短信互动,也开创了中国电视除广告收入之外的另一种盈利模式。此后 2006 年春晚关于大熊猫命名的短信投票活动可谓成功利用了这一模式,创造了过亿的短信收入。然而事后《北京晚报》报道称,有观众在不知收费的情况下参与了投票,后来又不断收到付费短信,"短信圈钱,也圈走诚信。这是中央台急功近利地将其垄断的国家意识形态的政治资源转化为商业利益的典型案例"①。为了商业利益而不惜以放弃社会诚信和道德主体为代价,而后者恰恰是春晚国家意识形态和道德训诫所宣扬的,这一行为无疑使春晚作为国家意识形态和伦理道德代言人的身份遭到自身的质疑和否定。

除了活动营销和事件营销之外,植入式广告在春晚中也是愈演愈烈。在一份 2010 年春晚广告植入清单中,罗列了 9 项春晚需要给镜头的广告产品和形式,如"佳能相机作为道具出现在歌舞《拍拍拍》节目中,相机及相机挂带上的 logo 在镜头中出现","刘谦近景魔术节目中,使用汇源果汁作为道具,给予镜头展示","赵本山演出的小品中,带有企业 logo 的泸州老窖礼盒作为道具由演员使用,给予镜头展示",并在最后注明"以上内容广告部均已签订广告合同"。这种大规模的广告植入在春晚播出之后遭到公众的强烈批评,乃至被调侃为"请不要在广告中插播春晚","春晚广告何其多,春晚成了广告的托;春晚广告何其狂,春晚为了广告狂"。② 春晚这种大规模的广告展示和商业操作直接影响着它的意义表达,它一方面通过节目内容教化大众要以道德良知作为个人和社会的安顿之本,"做人真的不能太贪心",然而其本身鲜明的商业化运作又借助"天时地利"将大众贩卖给广告主,以便从中获利,并且逐年演化为明显的圈钱之势。这种言行的矛盾不仅偏离了春晚产生之初的本意,而且严重影响了春晚作为愉悦大众和国家意识形态代言人的合法性地位。换言之,大

---

① 吕新雨.仪式、电视与意识形态[J].读书,2006(8):123-132.
② 关健斌.建议以后不要在广告中插播春晚![EB/OL].[2010-02-14].http://guanjianbin.blog.sohu.com/144343172.html.

游走于"国"与"家"之间：春晚叙事话语的复调与悖论

规模的广告植入对大众物欲的刺激和对消费主义意识形态的宣扬，实际上对春晚中国家意识形态的政治话语地位造成离心力式的冲击，对春晚节目中包含的以道德对抗金钱的道德训诫也构成强有力的自我否定和消解，这成为当代春晚广受诟病的一个深层次原因。

春晚是一台教化的晚会，也是一台圈钱的晚会，广告带来的巨额收入使春晚成为央视品牌下名副其实的聚宝盆。两者看似在合谋中达成共赢，但在春晚话语的深层叙事结构中，春晚在奉行教化的同时却以自身的行为方式构成对道德的否定，金钱的准入原则使春晚的道德训诫大打折扣，其本身作为道德训诫的主体已出现合法化危机，圈钱背后的物欲主义以"润物细无声"的方式腐蚀着教化代表的道德主义。同时这也意味着，"今天的国家民族主义需要市场的赎买了，一方面意识形态必须建筑在市场价值上，另一方面对意识形态话语权的垄断和追逐可以直接转换成对市场的占有，市场的背后是风云变幻的新的国家意识形态的图景，抢占不同的意识形态山头正是市场经济逻辑的体现"[①]。正是在这种意义上，春晚政治宣扬和道德教化的意义叙事被其本身过度商业化运作的形式所消解了。

三

综上，春晚话语是一个有关春节的特定意义体系，这一体系来自传统民俗、民族国家、商业资本三重权力话语的共同建构，由此形成一个集民间狂欢化和仪式性、民族国家意识形态、商业叙事三位一体的复调架构。其中，仪式性与狂欢化从民间社会的维度确立了春晚的初始内涵；个体—家庭—社会—民族国家的伦理价值链，从现代社会的维度为解码春晚的外延意义提供了一种主导阐释结构；商业话语则从市场维度，为春晚的意义生成与表征提供了资本支持与市场化运作。这三重维度在春晚的话语场域内三位一体，共同建构了一个复调式的意义体系。

此外，这三重话语维度互不相同的叙事逻辑决定了它们在意义叙事之间又相互抵牾、互为解构，致使春晚在一个复调话语中构成互相冲突的悖论。一方面，由于春晚的政治化、市场化趋势，政治话语与商业话语的合流与强势不

---

① 吕新雨.仪式、电视与意识形态[J].读书，2006(8):123-132.

可避免地削弱了春晚狂欢化的心理体验,晚会的官方意志和政治修辞代替了民间的自由狂欢和传统仪式,世俗的商业诉求解构了神圣的除夕时刻,使得晚会的守岁仪式和群体狂欢流于形式化和浅薄化。从本雅明的意义上说,由于国家意识、商业诉求、媒介技术等现代权力形式的介入,春节作为传统社会的民俗活动,其"灵韵"赖以存在的历史语境和心理机制正日益受到消解,以传统家庭为中心的仪式化和狂欢化面对现代社会的大众现代性改造正日益消失。另一方面,政治话语与商业话语也并非总能通过合谋达成双赢。从根本上说,商业资本的介入所倚重的正是央视春晚垄断的国家意识形态的政治资源及其传播途径,这也正是春晚展开民族国家意识形态叙事的资本来源。然而,逐年暴增的商业资本的介入,导致商业力量对春晚的多方参与并逐步深入,从硬性广告到营销策划、植入式广告,浓厚的商业气息不仅冲击着春晚的传统民间内涵,其强大的商业逻辑同样对有关民族国家意识形态的阐释结构造成意义的消解。晚会中的政治叙事在赤裸裸的广告话语面前顿然失去严肃的意义,民族国家意识形态面对的是商业广告意识形态的同台竞争,对主流价值的宣扬与社会道德训诫在春晚追逐经济利益这一商业化运作背景下也显得缺乏说服力,春晚的商业化本身就论证了道德和价值是在资本市场化的基础上展开的。

而作为节日的主体,大众在春晚包含的民族国家意识形态和商业话语的双重挟持下已无法发出由衷的欢笑,处于"被"狂欢、"被"消费的境地,他们只能采取戏谑、反讽、揭秘、黑色幽默等反向解码来表现对这种强制话语的抵抗,这最终导致春晚的复调话语体系实际上成为一个意义表征的悖论。

微言大义:作为后现代叙事新典范的微博*

叙事学自20世纪60年代产生之后,经历了经典与后经典两个阶段,前者"对叙事作品之构成成分、结构关系和运作规律等展开科学研究",旨在建构叙事诗学;后者则超越文本结构本身,注重文本"结构特征与读者阐释相互作用的规律,转向了对具体叙事作品之意义的探讨,注重跨学科研究,关注作者、文本、读者与社会历史语境的交互作用"。① 由于叙事学的发展与文学研究有着密切关系,所以传统叙事研究主要涉及神话、民间故事、小说、诗歌、戏剧等传统叙事作品,"以叙事文学为主,电影为辅,对其他媒介很少关注"②。然而如罗兰·巴特(Roland Barthes)所言,"叙事是与人类历史本身共同产生的","似乎任何材料都适宜于叙事",③因此"叙事学研究涉及关于各种叙述形式的研究"④。人类历史大致经历了早期的歌谣、史诗等口语媒介叙事,诗歌、戏剧、小说等文字媒介叙事,以及当下正在经历深刻变革的电子媒介叙事。并且,"媒介叙事学研究的内容和对象,不再仅仅是叙述文本,同时也包含和融合了作为叙事文本内容组成部分的媒介本身。因此在研究作为粘附于媒介的叙事学表达单元——叙事文本的时候,需要思考和研究媒介元素在叙事文本中的功能性意义"⑤。这意味着,叙事媒介形态及功能的变化通常会引起叙事学典范上的革新,而实际上"叙事实践已经在电影和电视的生产发展史中占据了

---

* 本文部分内容与观点曾发表于《现代广告》2014年第12期。
① 申丹.叙事学[J].外国文学,2003(3):60-65.
② 申丹.叙事学[J].外国文学,2003(3):60-65.
③ 罗兰·巴特.叙事作品结构分析导论[C]//张寅德.叙述学研究.北京:中国社会科学出版社,1989:2-42.
④ 保罗·科布利.叙事学[C]//迈克尔·格洛登.霍普金斯文学理论和批评指南.王逢振,等译.北京:外语教学与研究出版社,2011:1048-1055.
⑤ 陈斯华.网络媒体叙事学研究的思考[J].现代传播,2010(5):124-126.

一个核心位置"①,同时改变了传统文本的叙事方式,这也推动叙事学将当代电子媒介及叙事纳入研究范畴,在新的时代语境下动态地拓展叙事学的对象范畴和理论内涵。

自2006年Twitter在美国诞生以来,微博这一新型的电子媒介迅速蔓延全球,无疑已成为当代最具影响力的媒体之一。微博作为一种即时信息发布和更新的微博客系统,它允许用户将简短的文本(英文140个字符,中文140个字)经由网站、手机短信、即时信息软件等,公开发送给任何人或者自己的订阅者(Follower,粉丝),并随时更新信息状态。相较于传统的纸质与电子文本叙事,微博的技术规则和传播机制产生了一种独特的"微型叙事"模式。从历时的角度,微博作为全新的自媒体平台具有强大的信息发布、更新和传播功能,微博用户既具有传统文字叙事中个体化叙事的特征,又因"微博提供了一个个体向无限广泛的社会群体进行'喊话'和广播的手段"②而兼具了一种公共叙事者的功能,微博因此融合了文字叙事和电子叙事的双重特征;从共时的角度,微博借信息发布与互动平台具备人际通信和社交功能,这使微博叙事在由发布、评论、转发和更新等生成的动态信息流中,带有独特的关系性、社会性和开放性特征。综合而言,传统叙事学中指称的叙事主体、功能和形式在微博叙事中都发生了深刻的变化,微博"在某种程度上便成为新的语言经验"③,代表了一种全新的叙事典范。

一、自媒体叙事:去中心化的叙事主体

就叙事个体而论,微博叙事打破了传统叙事主体的精英主导立场,叙事者的身份和话语权向每一个社会个体扩散。自19世纪末电影诞生以来,电视、互联网等电子传媒带来了大众话语权的部分解放,然而仍具有一定资本、技术或文化上的门槛局限。微博的出现为个体话语权和社会民主潜能的极大释放

---

① Philip Simpson, Roberta E. Pearson. Critical Dictionary of Film and Television Theory[M]. London:Routledge,2001:420-424.

② 喻国明.微博:一种蕴含巨大能量的新型传播形态[J].新闻与写作,2010(2):59-61.

③ 马克·波斯特.信息方式:后结构主义与社会语境[M].范静哗,译.北京:商务印书馆,2000:1.

提供了一种新的媒介方式。与此前颇具民主意味的博客相比,博文写作仍需要较长时间来考虑完整的行文逻辑和修辞表达,而微博主对叙述内容一般不需做系统、细致的思考,"只需三言两语,就可记录下自己某刻的心情、某一瞬的感悟,或者某条可供分享和收藏的信息"[①],因此"用不着人人都是作家,用不着人人都长篇大论,用不着健谈,用不着儒雅,只要有话想说,哪怕是无聊的嘟哝,哪怕是随意的调侃,都可以成为微博发布的内容"[②]。这种本色叙事"将平民和莎士比亚拉到了同一水平线上"[③],加之微博开通的多种应用程序编程接口,用户可以随时随地通过手机、电脑等多种方式发布微博,体现出独特的短、灵、快的写作特点。从理论层面,微博的内容特征和技术支持为每个个体提供了媒介使用权,借此从传统叙事学中沉默的大多数转为抒发胸臆的叙事者,打破此前社会话语权中心化的垄断格局,形成一个人人都能发声、人人都可能被关注的时代。从实践层面,自微博产生以来,世界各地许多重大事件的新闻来源均是草根微博,此外以微博汇聚民意、构建舆论,以微博监督公权力等,均体现了微博叙事主体的大众化进程。

在整体上,微博的个体叙事话语汇聚成流,形成一种规模空前的全民叙事的群言格局。2006 年 3 月,最早的微博 Twitter 诞生,此后迅速遍及全球。据 Twitter 现任 CEO 迪克·科斯特洛(Dick Costolo)宣布,截至 2012 年 3 月,Twitter 共有 1.4 亿活跃用户,这些用户每天会发表约 3.4 亿条推文,同时 Twitter 每天还会处理约 16 亿的网络搜索请求。[④] 在中国,2009 年 8 月,门户网站新浪启动微博内测,成为第一家提供微博服务的门户网站,随着 2010 年搜狐、腾讯、网易相继推出微博产品,微博开始规模性地进入中国网民的日常生活。据 2012 年 1 月发布的《第 29 次中国互联网络发展状况统计报告》显示,截至 2011 年年底,中国微博用户数达到 2.5 亿,较上一年底增长 296%,网民使用率为 48.7%。微博在一年内快速崛起,成为近一半中国网民使用的重要互联网应用,中国因此成为世界上微博用户第一大国。与此同时,传统的交流沟通应用方式出现大幅下滑:电子邮件使用率从 2010 年的 54.6%降至

---

① 互动百科. 微博[EB/OL]. [2013-03-30]. http://www.baike.com/wiki/微博.
② 李开复. 微博:改变一切[M]. 上海:上海财经大学出版社,2011:51.
③ 百度百科. 微博[EB/OL]. [2013-03-30]. http://baike.baidu.com/view/1567099.htm.
④ 维基百科. Twitter[EB/OL]. [2013-04-27]. http://zh.wikipedia.org/zh-cn/Twitter#cite_note-Twitter_Turns_Six-6.

47.9%,论坛/BBS 由 32.4%降至 28.2%,博客/个人空间从 64.4%降至 62.1%。又据 2013 年 1 月发布的《第 31 次中国互联网络发展状况统计报告》显示,截至 2012 年 12 月底,我国微博用户规模为 3.09 亿,较 2011 年底增长了 5873 万,年增幅达 23.5%。网民中的微博用户比例达到 54.7%。手机微博用户规模 2.02 亿,占所有微博用户的 65.6%,接近总体人数三分之二。这一系列数据及其变化幅度表明,微博在世界范围内正以星火燎原之势迅速崛起并大面积扩展,它催生的草根话语正在汇聚成流,形成一种大众狂欢式的全民叙事。

表 1 是 2010 年新浪微博的大事列表,①该年由于新浪、搜狐、腾讯、网易四大门户网站均已推出微博而号称中国的"微博元年"。列表显示,微博用户围绕热点话题展开的全民叙事少则几千人,如"@厦门警方求助微博破案",多则上百万人,如"@iPad 正式发售""@世界杯揭幕"。这意味着微博不仅赋予每一位社会成员发表意见的话语空间与权力,并且当这些声音聚合起来,则形成一种规模空前的民意与舆论,甚至以这种集体的民意表达影响事件发展的进程与后果,即所谓"围观"效应。随着微博用户的逐年剧增,迄今甚至出现了上亿条微博共同参与某一话题讨论的情形,②这种全民叙事的规模彻底打破和拓展了此前叙事学中叙事主体的精英身份和大师叙事的中心格局。

表 1 2010 年新浪微博大事列表

时间	微博事件	相关微博数量(条)
2010 年 1 月	@谷歌宣布退出中国	302009
2010 年 2 月	@"犀利哥"风靡网络	160699
2010 年 3 月	@山西疫苗案 @王家岭矿难	22344 17068
2010 年 4 月	@iPad 正式发售 @玉树地震	1211920 637546
2010 年 5 月	@世博会开幕 @富士康连环跳	392632 278916

① 李灵珊,李瑞超.2010 新浪微博大事记[J].南方人物周刊,2010(45):44-45.
② 新浪微博[EB/OL].[2013-05-02].http://weibo.com/u/2366148730? wvr=5&.

微言大义：作为后现代叙事新典范的微博

续表

时间	微博事件	相关微博数量（条）
2010 年 6 月	@世界杯揭幕	2688845
2010 年 7 月	@唐骏与禹晋永造假门	关于♯唐骏♯156255 关于♯禹晋永♯46577
2010 年 8 月	@菲律宾人质事件 @舟曲泥石流	84681 487079
2010 年 9 月	@宜黄血拆事件	相关微博已几乎不可见
2010 年 10 月	@国庆 61 周年	1402510
2010 年 11 月	@厦门警方求助微博破案 @上海火灾 @亚运会 @苍井空登陆新浪微博	4262 36984 723151 728312
2010 年 12 月	@记者被通缉案再起波澜	23937

　　微博叙事主体的草根性和全民化，形成了一种"所有人面对所有人"的自媒体叙事模式。一方面，这种模式体现了"对社会话语空间的释放"，"个人信息获取和发布能力的提高，推动了信息的自由流通，进一步消弭了前互联网社会话语权和信息传播权的中心化状态"①。微博叙事不仅展示微博主极具个性化的信息和感受，包括个人随想、故事、新闻、思想观点等，呈现一个无须修饰的本真自我，并且随着这些信息流在网络间的急速传播，微博主的主体意识也在不断强化，"微博作为一种媒体带给信息发布者的，不仅仅是方便，还有强烈的自我满足感"②。这相比于传统叙事中由少数叙事者和沉默的大多数构成的主客体关系，无疑发生了实质性的转变，也正是在此意义上，微博真正标志着一个去中心化的个人互联网时代，这是去中心化的叙事主体的第一重含义。另一方面，在微博构成的信息流通网际中，每位微博主除了作为作者发布

---

　　① 喻国明，等.微博：从嵌套性机制到盈利模式——兼谈 Twitter 最受欢迎的十大应用[J].青年记者,2010(21):18-21.
　　② 李开复.微博：改变一切[M].上海：上海财经大学出版社,2011:52.

言论外,同时还可作为评论者、转发者对原始文本进行自由回应,在发布、评论、转发这一链条上不断生发新的微博,实际上,这些回应已作为新一轮叙事再次展开。在这种情形中微博主既是叙事主体又是受传客体,同时作为新一轮的叙事主体包含在多层级的叙事链中。这些多重混合角色首先使作为微博叙事者的主体性得以充分体现,其次也将这种主体性置于多重信息链中一再定位。在发布、评论、转发建构的微博叙事链中,叙事主体"没有停泊的锚,没有固定位置,没有透视点,没有明确的中心,没有清晰的边界","主体如今是在漂浮着,悬置于客观性的种种不同位置之间。不同的构型使主体随着偶然情境的不确定而相应地被一再重新构建"。① 简言之,微博的叙事主体依赖于网络的多级叙事而变动不居。这种不确定性源自技术层面的网络平台具有极大的互动性与再生产性,"电子传播阶段,持续的不稳定性使自我去中心化、分散化和多元化"②。因此,与此前口传和印刷阶段叙事主体的确定性不同,在微博这一交互性的电子叙事方式中,叙事和叙事主体并非是完全自律的,而是在电子网络交往行动及其结构中被不断建构的,这不仅成为后结构主义的社会语境,并且进一步成为后现代社会去中心化、多元化一种典型的表征形式。这是去中心化的叙事主体的第二重含义。更深刻的是,这两重含义似乎形成一种吊诡的格局:微博的出现将个体叙事者的主体性从中心化的资本话语霸权中解放出来,叙事主体因微博而立;与此同时,微博的运作方式又将微博叙事的主体性加以解构,在多级叙事中呈现为游移状态,叙事主体又因微博而破,而这两种叙事主体最终毫无冲突地并存于微博叙事当中。然而无论如何,去中心化都意味着微博对叙事理论中主体地位的巨大变革。

二、日常生活叙事:去宏大化的叙事功能

自17、18世纪进入现代社会之后,现代性的标志之一就是围绕政治、经济、文化等主题展开的宏大历史叙事。微博叙事则反其道,在带来叙事主体平民化与大众化的同时,叙事功能也表现出日常生活叙事的世俗性,包含去宏大

---

① 马克·波斯特.信息方式:后结构主义与社会语境[M].范静哗,译.北京:商务印书馆,2000:19-20.
② 马克·波斯特.信息方式:后结构主义与社会语境[M].范静哗,译.北京:商务印书馆,2000:13.

化的后现代特质。

目前国内外对微博的定义与描述多种多样。2009年,微博的创始者和代表"Twitter"被收录入《柯林斯英文词典》(Collins English Dictionary)30周年版中,释义为"一个让人们发表有关个人现状的短消息的网站",这表明,"发表个人现状"是Twitter最基本也是最核心的叙事功能,它的产生为人们"就无关紧要的信息的更新与交换提供了新的可能性"①,这些信息的话题可以简单如"此刻我正在做什么",也可以是设置一个话题如"跑车"。② 中国第一家微博网站"饭否"的自我描述是:"在这里,你可以告诉大家你在做什么,可以随便看看大家都在做什么,也可以关注一些有趣的人……简单地说,饭否就是可以随时记录自己的心情、简洁发表自己的观点的东东。"③新浪微博是"一款为大众提供娱乐休闲生活服务的信息分享和交流平台","您可以将您看到的、听到的、想到的事情写成一句话,或发一张图片,通过电脑或者手机随时随地分享给朋友,一起分享、讨论"。④ 这些描述中包含的关键词如"有关个人现状""无关紧要的信息""正在做什么""随时记录""自己的心情"或者"看到的、听到的、想到的事情""娱乐休闲生活"等,共同指向了一个核心的叙事功能与内容:叙述当下的主客观生存状态。无论是Twitter"发表有关个人现状",还是新浪微博"随时随地分享身边的新鲜事儿",均表明,与现代社会中宏大严肃的历史叙事不同,微博在实质上是一种体现强烈个人性、日常性与随意性的信息媒介,它的叙事功能主要是有关个体化和社会性的日常生活叙事。

然而仅就微博的定义和描述而论是不够的,从理论上说,微博并没有对发布内容做任何限制,"所见所闻,所思所想,生活琐碎和宏大主题均可发布"⑤,然而究竟何者是微博叙事的主导内容,还需诉诸具体的微博实践研究。美国圣安东尼奥的市场研究公司Pear Analytics在2009年8月连续两周分析了

---

① Passant A, Hastrup T, Bojārs U, et al. Microblogging: A Semantic and Distributed Approach, 4th Workshop on Scripting for the Semantic Web(SFSW 2008)[R]. 2008.

② Wikipedia. Microblogging [EB/OL]. [2013-04-15]. http://en.wikipedia.org/wiki/Microblogging.

③ 饭否. 关于饭否[EB/OL]. [2013-04-28]. http://help.fanfou.com/about.html.

④ 百度百科. 新浪微博[EB/OL]. [2013-04-28]. http://baike.baidu.com/view/2762127.htm.

⑤ 百度百科. 新浪微博[EB/OL]. [2013-04-28]. http://baike.baidu.com/view/2762127.htm.

周一至周五每天 11 点到 17 点来自美国或是用英语书写的 2000 条 Twitter 消息,结果将这些消息归为 6 类:(1)无目的的闲谈占 40.55%;(2)对话占 37.55%;(3)传递价值占 8.70%;(4)自我推广占 5.85%;(5)垃圾信息占 3.75%;(6)新闻占 3.60%。① 综合前两项,将近 80% 的微博内容是日常生活中的闲谈与对话。此外,李开复曾在自己的新浪微博上发起投票,调查经常在微博上发布的内容类型,主要包括(1)记录自己每天做了什么,到过哪里;(2)记录自己每天想了什么,心情怎么样;(3)写身边发生的有趣事、新鲜事;(4)和朋友聊天,互动;(5)参与某个热门话题的讨论;(6)转发并评论别人的有趣微博,或网上看到的有趣图文;(7)发布消息,直播突发事件;(8)传播思想,教育和影响他人;(9)发表文章或其他作品;(10)推销品牌或产品(注:上述每种类型可多选,但最多选择 3 项)。结果显示,在 5111 人参加的投票中,接近 70% 的网友经常写自己每天想了什么,心情怎么样;超过 60% 的网友经常转发或评论别人的有趣微博图文;超过 45% 的网友经常写自己身边发生的有趣事、新鲜事;超过 20% 的网友用微博记录自己每天做了什么。② 综合上述研究结果,占据多数的微博内容正是用户在日常生活当中的"所见所闻,所思所想,生活琐碎",它们构成了微博发布的主导内容。其他研究分析的发现与上述两项调查结果类似,用户使用微博的主要意图是"叽叽喳喳的日常闲聊、社交会话、信息共享和发布新闻",其中"Twitter 上的大部分推文谈论的是日常生活或者人们当前正在干什么,这是大部分也是最普通的 Twitter 用户所做的事情"③。

在叙事学中,普罗普的《民间故事形态学》开创了结构主义叙事学的先河,作者不满以往根据人物特征划分民间故事类型的做法,而是从 100 个民间故事中总结出 7 种人物角色(如主人公、假主人公、坏人等)和 31 种人物的行为功能(如主人公被授予任务、完成任务、坏人受到惩罚、主人公结婚登上王位

---

① Ryan Kelly. Twitter Study Reveals Interesting Results About Usage[R]. San Antonio,Texas:Pear Analytics,2009-08-12.
② 李开复. 微博:改变一切[M]. 上海:上海财经大学出版社,2011:84-85.
③ Java A,Song X,Finin T. Why We Twitter:Understanding Microblogging Usage and Communities[C]//Proceedings of the 9th WebKDD and 1st SNA-KDD 2007 workshop on Web Mining and Social Network Analysis. ACM,2007:56-65.

等)①,正是这些抽象出来的行为角色和功能构成了故事的基本单位,体现了叙事的共有模式。与之相类,上述调查研究中对微博内容的分类,如纪录琐事、日常闲谈、发布新闻、参与讨论等,实际上就是对微博叙事行为和功能的分类,无论微博的具体内容如何不同,大都跳脱不出这些叙事功能的范畴。在这些叙事功能中,如上述调查结果所示,发布"近况、喜爱的链接、所见随想或者日常琐事"②,总称为日常生活叙事,这是微博主导性的叙事功能。

三、即时性碎片叙事:去结构化的叙事形式

微博"所有的功能都是基于这一核心理念:信息的即时性、共享性以及基于即时、共享信息形成的动态信息传播网络"③,这一理念决定了微博在叙事形式上不同于此前所有媒介叙事的革命性变革。

首先,微博的技术特质决定了它是以碎片化、即时性的话语形态展开非结构性叙事。传统叙事作品一般具有一个完整自足的结构脉络,"叙事结构的有机性和严密性是至关重要的"④,这是将叙事对象置于特定历史时空加以系统认知的结果,体现了理性思维及其包含的形式逻辑。因此,传统叙事在此意义上具有一种历史叙事的时空结构,叙事对象"基本上都与当前时间有一定距离,而且越是结构化、越是完整的信息,这种距离就越远"⑤,而微博则与这种结构化的历史叙事恰恰相反:一方面,微博单次发布内容限于140字符的技术规定性,深刻改变了传统的叙事思维和书写方式。如此简短的篇幅决定了微博不宜展开传统文本的长篇阔论或抽象思辨,而宜用三言两语记录当下的事件或心情,因此微博叙事从整体上不可避免地呈现出高度碎片化、片段式的话语形态。另一方面,网站、手机和其他即时通信软件为发布微博提供便利的

---

① See Vladimir Propp, Morphology of the Folktale[M], Austin, Texas: University of Texas Press, 1968.
② Kristina M. DeVoe Column. Bursts of Information: Microblogging[J]. The Reference Librarian, 2009(50):2, 212-214.
③ 喻国明. 微博:一种蕴含巨大能量的新型传播形态[J]. 新闻与写作, 2010(2):59-61.
④ 巫汉祥. 后现代叙事话语[J]. 厦门大学学报(哲学社会科学版), 1999(1):75-81.
⑤ 喻国明. 微博:一种蕴含巨大能量的新型传播形态[J]. 新闻与写作, 2010(2):59-61.

客户端口,加之即时通信工具与互联网之间的嵌套式联合,这些使微博成为一个即时发布与更新信息的网络平台,它的优势在于第一时间展开"当下"叙事的能力。如2008年5月12日14时28分发生的汶川地震,Twitter在14时35分即在世界范围内传出第一条信息,与事件发生仅7分钟之隔。同年7月29日美国洛杉矶发生地震,第一个发布地震消息的Twitter用户比美联社早了近10分钟,诸如此类不胜枚举。在本质上,微博是面对当下的即时性叙事,用几近现场直播的方式再现当下的存在状态,它因此形成的是一种随时更新的开放式结构,完整性与自足性等传统叙事的结构特征也就不再是微博的结构要件。哈罗德·伊尼斯(Harold A. Innis)认为,一种媒介的技术特质决定了它在时间或空间上的偏向性。综上两者,微博媒介的技术特质决定了它的媒介偏向性在于它是"'随时、随地、随性'的媒体"[1],用户以最简短的字符随时随地发布当下的所见、所闻与所感,体现的正是Twitter产生的初衷及其口号中强调的现在进行式:"What are you doing?","What's happening?"。这种叙事形态不仅区别于以往叙事范式在时态上的历时性,而最大限度地追求即时性,并且以话语碎片的形式区别于传统叙事在空间维度上的完整性。换言之,微博及其技术的偏向性在于,它不仅从空间上呈现出一种碎片化的叙事流,通过话语片段记录从历史时空中剥离出的特定时刻,而且从时态上创造了一种近乎零时间的即时性叙事,两者共同构成了微博独特的碎片化、即时性的去结构叙事。

其次,微博的传播机制形成了一种关系型叙事。微博的关注、评论、转发等功能,决定了微博上的信息除"私信"外都是向其关注者和其他网友公开传播,信息的传播基于"关注"与"被关注"之间的层层信任关系,以及由关注者的"评论""转发"延伸形成的信息链。当某一元话题在微博中提出时,这仅仅是一个叙事的开端,它通过"发布—评论/转发—再评论/转发"的循环交互对话,在多位微博用户之间形成一个独特的接龙式叙事流,并在接龙过程中围绕元话题不断生成新的话语和意义。这一叙事流依赖于关注者与被关注者之间的社交网络关系进行层级扩散,从而在宏观上形成一种关系型叙事。此外,由于微博叙事的即时性特征,微博经常在某一时段内集中讨论某一热点话题,为了方便检索同一话题的内容,微博的聚合功能标签"#"可以实现对同类话题的

---

[1] 喻国明.微博:一种蕴含巨大能量的新型传播形态[J].新闻与写作,2010(2):59-61.

内容搜索和聚合,把有相同话题标签的博文索引成一个列表。这一列表中的微博观点由于基于不同的立场和视角,实际上围绕一个话题构成了一种或隐或显的对话关系,换言之,这些聚合起来的微博"有着众多的各自独立而不相融合的声音和意识,由具有充分价值的不同声音组成真正的复调"[①],在这种复调叙事中,传统叙事中由作者创作或读者接受所代表的权威中心同样遭到消解,形成一种去中心化的对话关系格局,这是微博关系型叙事的另一层内涵。综合两者,尽管微博即时发布的信息高度碎片化,然而经由回复、评论、转发以及话题聚合等功能,微博在众多微博用户构成的关系链中依然能够形成一种"完整"的叙事,只是这种叙事结构的完整性并非像小说、电影等传统文本的叙事结构那样单一而自足,"关系型"意味着叙事不再局限于封闭独立的个体行为,微博的媒介技术改变了叙事的结构肌理,使其成为一种在开放式的叙事情境中依赖多个叙事者的集体共构。因此,微博表面上的个体发声实际上引发的是众声喧哗的集体叙事,其独特的叙事结构又是在发布、评论、转发以及聚合等功能构成的复调关系中逐渐呈现出来的。

四、微言大义:微博的后现代叙事

美国小说家亨利·詹姆斯(Henry James)说:"讲述一个故事至少有五百万种方式。"[②]虽然略显夸张,但意在说明叙事有着多种模式,因此"在建构叙事语法或诗学时,对文学中的新体裁、其他媒介和各种非文学叙事可予以充分关注,以拓展研究范畴,争取新的发展空间"[③]。从实践和学理的双重层面,微博均为当代的叙事学提供了一种新型的叙事典范:微型叙事。

所谓"微型",不仅指微博在内容形式上之简短,而是如上文所论,其一,微博技术的超低门槛打破了传统叙事中精英叙事者的话语垄断,将叙事者及其话语权扩散至每一个普通个体,甚至叙事者的某一细微身份,由此形成的叙事主体之微是对叙事学中叙事主体的扩容;其二,微博的主导叙事功能是记录心情和生活琐事、发布有趣的新闻、日常聊天和讨论热门话题等,与传统的历史、

---

① 巴赫金.巴赫金全集:第五卷[M].白春仁,顾亚铃,译.石家庄:河北教育出版社,2009:4.

② 罗钢.叙事学导论[M].昆明:云南人民出版社,1994:158.

③ 申丹.叙事学[J].外国文学,2003(3):60-65.

文学等宏大叙事相比,极大推动了叙事的日常生活化和世俗化,由此形成的微博叙事行为之微是对叙事功能的扩容;其三,微博在叙事形式上开创了一种碎片化、即时性的去结构叙事,这使发微博具体而微到日常生活的片段之中,成为随时、随地、随性之举,由此形成的微博叙事形式之微是对叙事时空等形式的扩容。综而言之,微博是一种包含 anyone、anytime、anywhere、anything 的 4A 叙事典范,这种叙事典范如今已渗透至个体与社会、物质与精神,乃至作为"特殊生活方式"①的文化的微观层面,因此,从代表 Web2.0 时代的博客到后 Web2.0 时代的微博,看似仅仅是书写容量趋向"微型"的区别,实际上则是从微观层面"对交往传播关系的一种全新构型"②,在叙事学层面意味着一种全新的微型叙事典范。

在"媒介即讯息"的意义上,微博的微型叙事是一种微言大义,属于典型的后现代话语。进入 20 世纪之后,面对后现代思潮的兴起,17、18 世纪以来以理性为哲学基础形成的宏大叙事和历史叙事不断受到根本性的挑战和解构。在此社会语境下,微博等自媒体话语蕴含的正是后现代的思想逻辑,进一步将第二媒介时代多向性、去中心化的后现代特质推向新的高度。

就叙事主体而论,微博抛弃了传统"精英叙事"或"大师叙事"的作者权威,其"随时、随地、随性"的叙事特征既是技术层面的,又是人本意义上的,低门槛的准入和操作方式兼顾了人本的创造性与草根的自主性,在激发人的创造潜力的同时为更广泛的大众提供平等的话语权,赋予每位个体作为历史时代记录者的主体性,象征着现代叙事中心的消解和话语权的扩散。然而也必须看到,微博赋予大众的叙事主体性,实际上是处于微博网络时空中传受一体的混杂身份,及其在特定微博语境中不断转换的游移状态。它将每位用户置于由关注与被关注、评论与转发等叙事功能建构的嵌套式网络中,微博主在占据叙事主体位置的同时,又在叙事流包含的层级叙事结构与时空中充当受传者、中介者或被评论者的多重角色,其具体身份决定于微博主此时所处微博网络中的特定位置;而由于微博本身处于即时的更新状态,这些游移变换的异质身份难以在微博主那里形成一个稳定的存在,复杂多变的身份无法再建构一个统一的主体自我,微博主只能在时刻更新的微博网络中处于不断漂移的分裂状

---

① Raymond Williams. The Analysis of Culture[C]//John Storey. Cultural Theory and Popular Culture: a Reader. Athens:The University of Georgia Press,1998:48.
② 马克·波斯特.第二媒介时代[M].范静哗,译.南京:南京大学出版社,2001:3.

态。换言之,微博叙事在层级式传播的"非线性时空中分散了主体,由于其非物质性以及它对稳定身份的颠覆",便为"后现代时代的主体性建立了一座工厂,为构建非同一性的主体制造了一部机器"。①

关于叙事功能及其形式,无论从技术的规定性,还是从主体的价值取向上,微博都以即时性、碎片化的日常生活叙事抛弃了宏大的历史叙事,及其作为完整结构的长度与深度。后者典型的叙事形态是传统的书籍文本,"书页的线性书写格式和组装形式决定了书籍的线性秩序特征……书籍之所以在工业社会大行其道,内在地就是因为书页的理性和工业社会的文化理性之间有一个沟通的思维通道,书页培育了人类的理性并反过来进一步增强了书页的理性秩序"②。而微博的文本秩序和内在逻辑与理性秩序相对立,140 个字符本意即不在展开理性的线性叙事,而是由文字、图片、视频、超链接等多元符号构成拼贴式的文本结构,形成的是非线性、去理性化的思维秩序和话语形态,这也正好契合了后工业社会或曰信息社会的碎片化、浅薄化特征。

此外,微博叙事也成为当代信息社会"当前主义"(presentism)生存状态的一种症候:"数字时代使我们进入了活在当下的状态",其症状是"我们试图把大量时间压缩在一个瞬间中","着眼于当下,而忽略了事情的起因和长远的结果",其结果是"我们失去了感知未来方向的能力,人类与时间的关系发生了巨大的转变"③。这正延续了詹明信(Fredric Jameson)关于后现代主义的论断:"历史感的消失,那是这样一种状态,我们整个当代社会系统开始渐渐丧失保留它本身的过去的能力,开始生存在一个永恒的当下和一个永恒的转变之中,而这把从前各种社会构成曾经需要去保存的传统抹掉。"④究其原因,数字技术作为当代社会生产力的重要形态,升级换代的速度远远超越传统社会的技术革新,以此为动力,媒体与大众的合谋形成了后现代社会日新月异的内在需求和发展逻辑,其中"新闻媒体的作用便是把这新近的历史经验贬进过去之中,越快越好。于是,媒体的资讯功能可能是帮助我们遗忘,是我们历史遗忘

---

① 马克·波斯特.第二媒介时代[M].范静晔,译.南京:南京大学出版社,2001:137.
② 欧阳友权.网络文学:从书页到网页的博弈[J].福建论坛(人文社会科学版),2011(10):54-58.
③ R. U. SIRIUS. Why Living in the Present Is a Disorder[EB/OL].[2013-04-08]. http://www.wired.com/opinion/2013/04/present-shock-rushkoff-r-u-sirius/.
④ 詹明信.晚期资本主义的文化逻辑[M].北京:三联书店,2003:418.

症的中介和机制"①。微博即时发布、时刻更新的内在机制和大众不断追踪信息消费的外部需求,决定了微博具备一种叙述当下的能力,其叙事不能停留于时空中的某一点,更无法建构一个中心叙事,而是时刻处于刷屏状态,正如"随时随地分享身边的新鲜事儿",意味着即时性优先于深度性,强调个体"当前主义"的体验,以当下消解历史,以感性经验代替理性思考,以个体的经验片段代替整体的历史进程,这使日常性与浅层化成为微博叙事不可避免的一般性特征;同时,微博的碎片式的话语形态打破了传统宏大叙事的结构完整性,表征着后现代社会日常生活碎片化的特征,正如当代哲学家利奥塔(Jean Francois Lyotard)的论断,在后现代语境中,"宏大叙事"将不复存在,取而代之的则是"细小叙事"(petty narratives),②微博正是当代"细小叙事"的典范,一种记录"小我"、渗透日常生活、消解历史长度与深度的后现代叙事。

综上,叙事学在西方的产生和发展,主要以文学为研究对象,后来扩展至绘画、电影等艺术文本。与这些传统叙事文本的个人性、精英化、结构性相比,微博这种微型媒介在叙事主体、功能、形式上突破和扩容了叙事学的传统典范,蕴含着去中心化、去结构化、去历史性等时代特质,这些特质与以"深度模式削平、历史意识消失、主体性分裂、距离感消失等"③为特征的后现代社会思潮实际上是一种相互投射、形神同构的共生关系,以媒介形态投射社会思潮,微博叙事代表的正是一种典型的后现代话语活动。从这种意义上说,微博在加入新型叙事元素的基础上拓展了当代叙事学的研究范畴,尤其丰富了后现代叙事学的研究对象和理论内涵,代表了一个"微时代"的叙事特征,所谓其言也微,其义也大,这即是微博叙事之微言大义的主旨所在。

---

① 詹明信.晚期资本主义的文化逻辑[M].北京:三联书店,2003:419.

② 让-弗朗索瓦·利奥塔.后现代状况:关于知识的报告[M].车槿山,译.北京:三联书店,1997:229.

③ 欧阳友权.网络文学的后现代文化逻辑[J].三峡大学学报(人文社会科学版),2004,26(3):21-26.

理念·价值·文化:中国国家形象片的反思性研究[*]

一、引言

2008年,中国经历了空前的"形象危机",涉及事件包括拉萨骚乱、奥运火炬海外传递、中国产品质量问题等,英法美等西方新闻舆论对华的负面报道涉面之广、程度之深都是前所未有,英国 BBC 的民意调查显示,2008年国际社会对中国的印象有转为负面的倾向,尤其是"3·14"事件之后,中国的国家形象跌至极点。① 又,BBC 全球扫描(BBC-GlobeScan)于 2013 年 5 月发布的国家形象调查与评级报告显示,在过去的一年里,对中国持正面形象的平均水平下降了 8 个百分点,跌到了 42%,而持负面形象的则上升了相同的数字,达到 39%,这也跌到了 2005 年中国形象评级的最低位②,中国国家形象近几年来正在遭遇巨大的危机和挑战,如乔舒亚·库珀·雷默(Joshua Cooper Ramo)所言,"国家形象问题是中国当前最棘手的战略难题"③。正是在此大背景下,国家启动大规模的国际公关战略,这当中有关中国国家形象的广告片由少到多、由点到面,以前所未有的密度和广度出现在海外的媒体视野中。

---

* 本文曾发表于《现代广告》2016 年第 12 期,此处稍有修改。
① 郑东阳. 中共 450 亿争夺话语权[J]. 凤凰周刊,2009(7):2-4.
② GlobeScan:Views of China and India Slide While UK's Ratings Climb:Global Poll [EB/OL]. [2013-05-22]. http://www.globescan.com/news-and-analysis/press-releases/press-releases-2013/98-press-releases-2013/277-views-of-china-and-india-slide-while-uks-ratings-climb.html.
③ 乔舒亚·库珀·雷默. 中国形象:外国学者眼里的中国[M]. 北京:社会科学文献出版社,2006:8.

媒介中国——现代性的媒介话语叙事
China in Media: Media Discourse Narration of Modernity

2009年11月23日起,中国在北美、欧洲和亚洲的电视、网络上投放了一则《中国制造,世界合作》(简称《中国制造》)的品牌形象广告,这是中国政府首次委托制作的国家形象广告片,并且是第一次在海外大型媒体上投放的品牌广告。2011年1月17日,《中国国家形象片——人物篇》(简称《人物篇》),在美国纽约时报广场的大屏幕上播出,其另一部姊妹篇《中国国家形象片——角度篇》(简称《角度篇》)则主要用于中国驻外使领馆播放。继这两部宣传片之后,中国文化系列短片《文化中国》、《中国名片》系列短片,以及成都、桂林、张家界、武当山等旅游胜地陆续亮相纽约时报广场的"中国屏"。虽然这一系列宣传片的内容重点各有不同,然而在整体上却共同指向同一个主题:中国国家形象。

在学术领域,有关中国国家形象的宣传片也成为近年来重要的研究课题,其中主要的研究内容与方法是针对《中国制造》、《人物篇》与《角度篇》等三部宣传片展开扩展性论述,既有以人文阐释的方法解读形象片的内容意义[1],也有以实证的方法考察它们的传播效果[2],还有从传播内容与策略的得失层面探讨国家形象的对外输出和国家公共外交问题[3],或者三者均有涉及[4],这些研究因视角不同而论述各成一理,此处不能尽列。其中杜克大学刘康教授认为,"中国传媒实践、理念与中国国力的不相吻合,是严重影响中国国家形象的因素"[5]。本文试图以此论断为问题的出发点,在统观上述一系列宣传片及其研究的基础上另辟蹊径,从近年来国家形象片引发的争议和问题研究中提炼出三个相互关联的论题,通过细致的文本分析比较和理论论述,并旁涉已有的研究观点和调查报告,来展开本文的观点阐发:中国国家形象片是一个跨文化

---

[1] 汤天甜.论中国国家形象宣传片的文化公关与价值输出[J].南京社会科学,2011(3):113-117.

[2] 王丹娜.国家形象传播的动因与效果——从中国国家形象宣传片看国家形象的传播效应[J].现代传播,2012,34(9):147-148;洪长晖.国家形象片的政治传播话语效度研究[J].阅江学刊,2011,03(6):81-84.

[3] 李晓林.中国国家形象广告的视觉说服思维——以两部中国形象广告片研究为例[J].今传媒,2011(4):36-37;杜志红.国家形象的媒介话语表达与认同策略——兼议《中国国家形象片》[J].浙江传媒学院学报,2012,19(6):8-11.

[4] 何辉.中国国家形象广告:策略与效果[J].对外传播,2011(3):16-17;刘康.全球传媒与中国国家形象[J].新闻与传播研究,2009(6):7-10;史安斌.内容、信道和受众的竞争——从中国国家形象片看挑战与前景[J].对外传播,2011(9):38-39.

[5] 刘康.全球传媒与中国国家形象[J].新闻与传播研究,2009(6):7-10.

传播的过程,其出发点首先在于传播的根本理念,它决定了国家形象的基本立场和整体塑形;其次才是传播的国家形象,这其中主要包括国家形象内含的核心价值理念和外在的意义形态,前者在形而上的层面构成国家形象的内在意蕴与形象根基,是中国在国际社会中的国家名片和精神标识,后者则在形而下的层面构成中国国家形象的特定表意内容。基于此,本文从国家形象片的传播理念、核心价值和表意内容三个递进式的逻辑层面,对中国国家形象片的对外传播做批判性的反思和建设性的探讨,以期对未来中国国家形象片的制作与传播提供一定的学理参考。

二、"仪式观":中国国家形象片的传播理念

根据香港浸会大学孔庆勤的调查报告,《中国制造》的广告效果要好于《人物篇》,前者由于内容踏实,用事实说话,"总的来说是有效的"[①],而后者的播出效果并不理想,片中展示中国在财富和科技等领域取得的成功,恰恰在无意间加剧了美国人对中国实力的紧张和恐惧情绪:"很多人说,看了这个广告很紧张,第一个想法是:中国人来了,而且来了这么多。"[②]一位美国公司亚洲区市场高管大卫·伍尔夫(David Wolf)评论说,"通过宣传片,中国希望张开双臂拥抱美国人民……然而它无意间却竖起了挑战的中指。"他认为《人物篇》并没有加强中美相互间的了解,而是在暗示"看看我们——我们强大、美丽而富有,所以你们最好和我们交朋友"[③]。据英国 BBC 全球扫描的调查,《人物篇》播出后,对中国持好感的美国人从 29% 上升至 36%,上升 7 个百分点;而对中国持负面看法者,则上升了 10 个百分点,达到 51%,孔庆勤对国家形象片的研究数据与 BBC 的数据基本吻合。孔氏认为,《中国制造》没有侵犯性,不试图改变对方观点,对于欧美受众而言,试图改变其既有观点是非常令人不快的行为。[④] 这里指出的原因以及两则形象广告带来的效果差异,实际上根源于

---

① 孔庆勤."携手中国制造"广告效果评估[J].公共外交季刊(春季号),2012(9):110-116.
② 孔璞.学者调研显示国家形象片传播效果并不理想[N].新京报,2011-11-16.
③ Michael Barr. Nation Branding as Nation Building:China's Image Campaign[J]. East Asia,2012,29(1):82-94.
④ 孔璞.学者调研显示国家形象片传播效果并不理想[N].新京报,2011-11-16.

它们采取了两种截然不同的传播理念,由此塑造了两种迥异的中国形象及其与世界的关系。

《人物篇》体现了詹姆斯·凯瑞(James W. Carey)提出的传播的"传递观",以此传播理念为基础展开中国形象的塑造。凯瑞将传播的定义分为"传递观"和"仪式观"。前者意指"在我们思想的最深处,对传播的基本理解仍定位于'传递'这一观念:传播是一个讯息得以在空间传递和发布的过程,以达到对距离和人的控制。"[1]"传播被看作是一种过程和一种技术,它为了达到控制空间和人的目的,更远、更快地扩散、传送、散播知识、思想和信息。"[2]简言之,"传递观"强调的是信息的定向流通过程及其认知功能。就《人物篇》最基本的传播模式而论:在传播主体上,国家是该片自我形象展示的隐在传播主体,即以国家作为第一人称展开的自我叙事;在传播内容上,聚焦于59位华人的身份形象,强调人物信息的认知功能;在传播形式上,宣传片采用静默的镜头语言进行人物的静态展示,没有情节叙事。这些在本质上体现了"传递观"的传播特征,并构成该片一种封闭式的单向线性传播结构,意图通过自我形象的展示来传递信息,达到改善美国民众对中国形象认知的目的。基于"传递观"的理念,《人物篇》进而在某种程度上塑造了一个"自我中心化"的中国形象。片中以中国为叙事主体,以"美丽、勇敢、才智、财富、时尚"等为鲜明的主题设置,各项叙事要素如人物造型、场景设置、镜头语言、美学表达等均带有明显的主观意志和内涵表示,形成一种单向度的意义编码,其在本质上是一种以自我为出发点和中心的独白型叙事,从而不可避免地突显了一个"中心化"的国家形象,其中蕴含着主体展示与客体观看、独白与倾听、中国与美国(或世界)的二元对立关系。在当代国际倡导多极发展的理念下,尤其是在西方恶意宣扬"中国威胁论"的国际舆论中,这种自我独白的话语模式,以及由此形成的中心化形象和二元关系,无疑对中国形象是极为不利的。

相较而言,《中国制造》则代表了另一种传播理念:"仪式观",在基于这种理念的叙事中,该广告塑造了一个去中心化的中国形象。在凯瑞看来,"从仪式的角度定义,传播一词与'分享'、'参与'、'联合'、'团体'及'拥有共同信仰'这一类词有关。这一定义反映了'共性'、'共有'、'共享'与'沟通'在古代有着

---

① James W. Carey. Communication as Culture: Essays on Media and Society[M]. New York and London:Routledge,2009:13-14.

② James W. Carey. Communication as Culture: Essays on Media and Society[M]. New York and London:Routledge,2009:13-14.

同一性和共同的词根。传播的'仪式观'并非指讯息在空中的扩散,而是指在时间上对一个社会的维系"①。仪式观的传播包含了一个集体"参与"和"共享"的心理过程,从而营造一种社会共同体的仪式感。在《中国制造》中,广告选取运动鞋、MP3、冰箱、服饰、飞机等日常生活的内容,再现了运动娱乐、家庭会餐、商务旅行等普遍的生活情境,从而形成一种具有带入感和参与性的开放式结构;而且,广告主要倾向于传达中国制造的产品遍及欧美的现状、产品的制造信息及其全球化生产等客观事实,大大弱化了广告为"中国制造"问题的辩解意图。这种叙事内容与策略无形中消弭了其与观者之间二元对立的主客关系,观者由于作为消费者的身份,也与广告中展示的商品及其普遍的生活方式产生一致性,从而使广告具有一种"参与"的共同感和象征性。在这一意义上,《中国制造》以熟悉的陌生化表达蕴含着对某种特定消费与生活方式的共同体验,营造了一种全球消费共同体的"仪式感",即在全球化的背景下"一种对现实的呈现,它为生活提供了整体的形式、秩序和调子"②。在这种参与和共享的意义叙事中,《中国制造》进而塑造了一个与世界保持合作的中国形象。中国不是在独语,而是作为世界生产与贸易体系的一部分,参与世界的合作并利益共享,正如片尾广告词点明的:"当说到'中国制造'时,它的意思是,'中国与世界携手制造'。"因此它所塑造的中国是一个去中心化的、积极参与世界共同体的国家形象,这与《人物篇》包含的中国与世界二元对立的关系模式截然不同。

历史性地看,《人物篇》正是我国在宣传工作中长期采用单向式"传递观"理念的体现,这种观念来源于1949年前后,在党报体制下形成的自上而下的意识形态宣传传统,不少研究对国家形象片的这种传播思路展开批判,如刘康教授指出:"中国传媒虽然在30年中取得了长足进步,但在国际传播上始终采纳的是'外宣'模式。这种外宣模式是冷战与革命时代意识形态的产物,相对单向、以我为中心,难以适应当前中国和世界的社会价值多元化、多极化以及传播渠道和方式迅速发展的形势。"③著名的媒体人刘香成基于其30多年的中西方新闻报道经历也有类似的更形象的看法,他认为:"从文化的渊源来说,

---

① James W. Carey. Communication as Culture: Essays on Media and Society[M]. New York and London: Routledge, 2009: 15.

② James W. Carey. Communication as Culture: Essays on Media and Society[M]. New York and London: Routledge, 2009: 17.

③ 刘康. 全球传媒与中国国家形象[J]. 新闻与传播研究, 2009(6): 7-10.

我们的教育比较善于用'家长制'的'说教法',做对外传播工作就不能把自己当作家长,高高在上,首先要尊重读者,把事情的客观面呈现出来,要相信读者自己有能力判断。一个好的记者不是一天到晚去宣传他的观点,虽然我们承认观点是必然的,但观点和事实是两回事,如果你把事实都摆出来,同时也允许读者有他自己的观点去判断,这就高明多了。"[1]不能否认《人物篇》具有中国特色和创意,但深入到传播理念的层面,它仍然是一种中心式的自我言说和观点表达,"以我们自己的标准与他人交流"[2],这与当代倡导多元文化与去中心化的价值理念不相兼容,尤其遇到以个人主义为思想基石的欧美国家与文化时,它的表意方式显得与之格格不入,难免会遭遇异质文化的误读甚至排斥。此外,在当代西方主导的国际政治经济秩序中,在率先实现现代性的欧美强国与中国等后发现代国家之间,历史性地存在"先发"与"后发""遏制"与"崛起"的二元对立与矛盾冲突,尤其在中美两国之间,正面临着崛起大国与现有大国、中国梦与美国梦的历史性冲突,并由此形成一种二元对立的思维定式。在此背景下,对当下正处于崛起阶段的中国来说,若仍然采用传统自说自话的传递观,则"无论怎样谦虚示人,都难以摆脱咄咄逼人的形象暗示"[3]。正如《人物篇》中友好示人的信息被误读为竖起中指,财富与科技被理解为威胁性力量,其中原因跟传播理念有着密切关联,这种机械式的信息传递在缺乏共享文化符码的异质语境下,在编码与解码过程中难免发生变形与误读,而激发中美之间二元对立的思维定势和意义解读。这说明,《人物篇》所代表的"传递观"在国家形象的跨文化传播中并非一种有效的传播理念。

相比之下,传播的"仪式观"为国家形象叙事提供了一种启发性的传播理念:传播活动与内容不是单纯的信息传递,而通过场景描绘与再现建构了一种戏剧化的世界,"在假定的、常常是替代式的社会角色基础上,邀请人们参与其中"[4],受众从旁观者变为参与者,从中得到戏剧性的满足感,传播因此从单向变为双向,进而成为一种集体性的仪式行为。通过这一仪式感的传播行为,建

---

[1] 潘天翠.行走在东西方之间——访新闻集团高级顾问刘香成[J].对外传播,2004(8):28-30.

[2] Edward Hall. The Silent Language[M]. New York:Anchor Press,1959:9.

[3] 陈林侠."文化天下"与大众叙事媒介构建国家形象的另一种可能[J].人文杂志,2013(5):50-56.

[4] James W. Carey. Communication as Culture:Essays on Media and Society[M]. New York and London:Routledge,2009:17.

理念·价值·文化：中国国家形象片的反思性研究

构并维系一个想象的社会共同体,这正是凯瑞在占据主流的"传递观"之外,强调传播为人忽视的作为集体仪式的文化功能。当代世界倡导多极发展,在相互尊重的前提下主张多元文化的交流共享。传播"仪式观"的共同参与及其仪式功能恰恰契合这种时代特征,通过开放式的情境和戏剧性的共同参与来建构某种想象的跨文化共同体,这种共同体由于蕴含某种通约的价值而具有强烈的包容性和认同感。在《中国制造》中,这种通约性价值及其塑造的共同体表现为全球共享的产品服务、消费理念和生活方式。简言之,"仪式观"凸显的是"共享"而非"异质",是参与的共同体而非主客二分的异质体,从而消弭了"传递观"中蕴含的主客二分的对立关系,相对弱化或避免了跨文化传播中消极的文化误读或心理冲突,因此,在当代国际语境下的国家形象传播中,"仪式观"有可能成为一种更有效的传播理念。

传播理念的转换意味着国家形象片基本叙事思路的转换,这在一定程度上决定了中国形象的根本立场与实质内涵。《中国制造》广告第一次不再宣称"中国是什么",而是以"中国与世界一起做什么"的理念,一方面通过广告这种政治无意识的方式,让观者参与想象一个非政治意识形态的中国形象;另一方面从传统外宣的中心化叙事转向新型的多元化叙事,将中国描述为与世界共同体休戚相关的一份子。这将中国的文化战略从传统的"政治宣传"时代抛进了"美学感染"的时代[①],可视之为中国国家形象建构与传播的一个重大突破。然而,由于各种原因,这一传播观念在接下来以《人物篇》为代表的国家宣传片中并未得到有意识的延续,而是重新回到自我宣传的传统理念。相对于整个世界而言,后者具有一种"异质"的倾向性,前者是一种"共同体"的表征,前者无疑才是符合当下多元共生的国际语境的国家形象。实际上,这种去除自我中心、强调共同体的思路理念在一些优秀的纪录片中已经有所体现,如《大国崛起》以追溯西方大国崛起的历史与规律来阐释中国和平崛起的当代现实,《金砖四国》以"新兴国家经济体"这一概念为视角,展示当今世界经济格局演变中金砖国家群体崛起的历史脉络与发展趋势。这两部纪录片都有意识地将中国置于与他国并列的世界共同体格局中来展示自身的形象,体现了一种世界性的眼光和积极自信的形象姿态。

---

① 周志强."30秒中国"背后的文化战略转型[J].上海采风,2010(1):96.

三、核心价值:中国国家形象片的"形而上之道"

国家形象片的传播理念在一定程度上决定了国家形象传播的内容选择,后者主要在两个层面上展开:"形而上者谓之道,形而下者谓之器。""道"是指在抽象精神的层面国家形象内含的核心价值传统或体系,"器"是在具象层面对这种价值意蕴的内容表征,道为本而器为表,前者构成国家形象的内在灵魂与风骨精神,后者以其为基础外显为国家形象的特定风貌。有学者认为,"从根本上说,构建怎样的国家形象取决于何种国家理念"①。这种"国家理念"实际上即代表了一个国家所秉持的核心价值体系,以此为内核才衍生出其独特的社会形态和人文面貌,从而奠定相应的国家形象,它因此也成为与他国形象相区隔的本质内涵与文化标识。从国家长远的公关战略看,如上文所论,"仪式观"的传播理念决定了当代中国形象的内涵应是全球化共同体的一份子而非独语者,与这种参与性形象相契合的是,中国能够在国际多元文化的对话中提供一套自身的思想和价值观念,为人类的文化交流和问题争端提供可资借鉴的思想资源和解决之道。换言之,一套核心价值观是中国在国际对话中能够提出具有内在逻辑的"中国话语体系"所必须具备的话语架构与精神内核,从而在国际事务中拥有话语权和影响力。所以在国家形象片的叙事中,必然要包含中国特色的核心价值,这既是全球在地化(Glocalization)这一国际趋势的内在要求,也是中国形象能够自我立足和具有国际影响力的活水根脉,否则国家形象就成为缺乏价值取向和内涵意义的外表展示,失去了在世界文化格局中的民族特色和形象辨识度。正如一个品牌的价值内涵代表了其品牌企业的形象一样,中华民族的核心价值观是中国国家形象的精神标识。

在当代国际舞台上,许多国家都在推广本国形象的价值理念,如美国推介的国家形象价值是"创新",日本是"品质",德国是"完美",意大利是"吸引力",法国是"时尚",瑞士则推介"精确性"。美国还通过其全球流通的商业电影、电视等流行文化推行其平等、自由、个性、美国梦等价值观,也借此塑造美国的国家形象,这些关键词正是这些国家形象所标榜的核心价值和理念。相比之下,

---

① 陈林侠."文化天下"与大众叙事媒介构建国家形象的另一种可能[J].人文杂志,2013(5):50-56.

理念·价值·文化：中国国家形象片的反思性研究

中国近年推出的国家形象片从整体上仍然缺乏鲜明的核心价值维度。

在中国产品面临海外市场质疑的语境下，《中国制造》广告通过强调"中国制造"实际上是在全球化背景下分工合作的结晶，以此来改变消费者对中国产品的偏见，不乏说服效果，然而却没能直面问题的实质："中国制造"的品牌与质量究竟如何？这才是国外消费者质疑的根本所在，因此消除这一质疑的关键不在于强调"中国制造"的生产方式，而在于突显"中国制造"的产品理念与核心价值，就像阿迪达斯的"impossible is nothing"、耐克的"just do it"一样，因为产品所彰显的理念内核与价值追求才是产品的核心竞争力和品牌特有的标识，它代表着产品的质量与保证，象征着产品背后的生活方式和精神态度，这才是消费者所追求与认同的。因此，问题的关键在于突显产品的核心价值，才能树立"中国制造"在国际市场上的品牌形象，从根本上改变国际消费者对"中国制造"的认知与态度。这则广告的意义缺失就在于"中国制造"缺乏相应的品牌理念和核心价值，而其根源在于，中国在事实上仍然是一个产品加工大国（made in China）而非创造大国（made by China），因此广告中无法回避的事实是："中国制造"的那些核心部分，如运动鞋的"美国运动科技"、MP3的"硅谷软件"、模特时装的"法国名师设计"等，无一属于中国，中国在世界合作中的角色仍然主要是制造者而非创造者。正是由于"中国制造"未能提供一种核心的价值内核作为其产品的核心竞争力和说服力，决定了该广告采取一种务虚而非务实的话语策略，以产品的生产方式而非产品本身作为广告说服的诉求点。

《人物篇》以"智慧、美丽、勇敢、才能、财富"等诠释中国人的形象，这些特质在体现当代中国多元面相的同时，却尚未达到中国人与民族国家所以安身立命的价值观层面，缺乏表征中华民族的深度内涵；而且，对这些特质的诠释主要在于人物幕后的故事体验而非外形展示，这也使上述特质的诠释难免流于感性和表面化。有观点认为，《人物篇》"将这些科技、商界、文体、智库的顶级人物组合起来，意欲传递的不是简单的东方风情印象，而是全球通约的价值观——对人性的赞美，对个体价值的弘扬"[①]。而《角度篇》中"选取多组各族、各阶层人民庆祝神舟五号载人飞船发射成功的画面，不同的动作，相同的表

---

① 全燕.解读《中国国家形象片（人物篇）》——跨文化传播的视角[J].东南传播，2011(10):52-53.

情,中华儿女有共同的信仰与追求"①,这实际上是一种典型的自说自话或曰本土化阐释,即论者是基于本土的宏观文化语境和微观的事件语境对形象片的自我解读,忽略了跨文化传播中编码与解码之间的语言文化差异与误读。上文已言,在一些美国人看来,片中航天英雄和"神五"飞船的亮相是一种军事科技实力的展示,甚至包含了某种威胁性暗示;此外一些采访调查也表明,美国受访者无一例外地对《人物篇》的接受效果提出质疑,认为"不太清楚想要传达什么样的信息"②,这些意义解读和接受效果与国人的"个体价值的弘扬""共同的信仰与追求"等理解截然不同,因此上述内容阐释的默认受众更多的是本国而非西方民众,忽视了跨文化传播的接受语境,这也是许多研究中国国家形象片的意义和对外传播时所忽略的一个问题。

值得称道的是,《角度篇》提到的《孟子》关于人与自然辩证关系的思想:"不涸泽而渔,不焚林而猎",代表了中国天人和谐共处的生存观念和可持续发展的古老智慧,又如片中一位设计师说到,中国的精神在于一种顽强的坚持,诸如此类才是中国形象中内含的核心价值。从整体上看,《角度篇》在字里行间、影像背后,更多地包含了中国从传统走向现代的历史中,在思想价值的形而上层面传承、冲突和融合的演变过程,这也使《角度篇》比《人物篇》在国家形象的塑造上有更深厚的意义内涵,也更具吸引力。

通过分析和对比,可以说彰显民族国家的核心价值是在国家形象建构时必要的深层诉求,而近年来的中国国家形象片尚未能从整体上突显体现传统中国精神、塑造当代中国成就的核心价值观,以此作为中国形象的魅力诉求点和精神标识。因此笔者以为,中国国家形象片有必要在形而上的层面定位这一民族国家所根基的核心价值,它可以是哲学、伦理、道德、政治等不同领域的价值构成,如此在进行国家叙事时才有道可循、精确定位。例如,前任国家总理温家宝在2003年12月10日哈佛大学的演讲中首次提出中国的"和平崛起",继而进一步演变为"和谐社会",最终向世界推介"和谐世界"的发展理念。"和谐"乃是中国上至传统哲学、政治思想,下到社会人际、家庭伦理的核心价值之一:《论语》有"君子和而不同",《中庸》说"和也者,天下之达道也",《周易》更是将大和上升为最高的宇宙理想:"乾道变化,各正性命,保合太和,乃利

---

① 周莹.记录影像中的国家形象——以"中国国家形象宣传片"为例[J].中国电视:纪录,2011(6):8-11.

② 张雄,郑文,李慧敏.解码中国形象[J/OL].[2011-03-03]. http://www.nbweekly.com/magazine/cont.aspx? artiID=12832.

贞。"这一价值理念正相契合当代国际多元共生的时代语境,事实也证明,该理念得到德国、英国、美国等西方主流媒体的积极评价,认为中国主张的国际关系新理念有别于西方的价值观,对广大发展中国家更具吸引力。

扩而言之,中华民族的古今思想为中国国家形象的形而上维度提供了可资借鉴的价值资源。与西方主要以外在超越的宗教伦理与世俗的现代性为价值诉求不尽相同,中华民族的思想体系以儒道互补为主轴,以内向超越式的道德伦理为至上的价值目标和终极归宿。无论是儒家修齐治平式的"内圣外王",还是老庄以"无为而无不为"追求精神的自由状态,都是要通过个体道德心性的修炼最终达到"天人合一"的境界,只是"天"与"德"在儒道思想中具有不同的内涵与旨趣。换言之,中国文化有其自身独特的天道与德性传统,相对于社会现实具有超越性的形而上价值,具有类似宗教信仰的力量,这种超越性的"德性之天"及其代表的神圣价值,一方面为国家政治架构及其权力提供了合法性来源,另一方面又作为世俗社会的行为规范来约束审视个体行为和政治权力。"在'解魅'的现代社会,政治越来越简化为组织、运作、管理公共权力的操作原则与手段,政治的道德权威弱化,世俗特征越来越凸显。"①此时中国文化中的德性价值在西方之外为现代世俗政治与世界提供了另一种超越性的价值参照,从而提升后者在形而上层面的内涵与意义,而且,这在接纳现代普适性价值的同时,也兼顾了对本民族特有道德价值的自觉,以中华民族特有的德性价值来塑造中国的国家形象。

因此,在中国国家形象片中,有必要将中华民族独特的价值观念作为其深层的形而上维度和精神标识,一方面横向借鉴和汲取自由、民主、科学等西方现代性价值,更重要的是纵向深入自身的思想体系和文化资源,发掘契合现代中国发展的人文价值理念,如"天行健,君子以自强不息;地势坤,君子以厚德载物"所体现的刚健、隐忍,"礼之用,和为贵"倡导的和谐,从中突显自身所秉持的核心思想价值,弘扬其类似西方宗教信仰的超越性意义和精神影响力,使之具有中国国家形象的标识性意义。这既是当代中国得以安身立命又实现继承发展的形而上之道,也是中国在跨文化传播中实现在地经验与全球视野二者融合的一种途径,体现了中国在国际事务中所具备的话语能力。

---

① 陈林侠."文化天下"与大众叙事媒介构建国家形象的另一种可能[J].人文杂志,2013(5):50-56.

四、文化优先：中国国家形象片的"形而下之器"

　　国家形象片的最终形态是其所要表达的具体内容。《中国制造》具有明确的商业诉求，因此其主要展示中国制造的产品，在此并无多少讨论的空间。《人物篇》以人物为主要内容来表现中国，结果引起巨大争议，争议最多的莫过于该片以少部分精英人物来代表中国，它只是展示了中国的一小部分，而且是高度发达的那一小部分。此外，对大多数美国人而言，片中的大多数名人都是陌生人。① 虽然从媒体公关的角度看，引发争议并非全然坏事，然而就形象片的传播效果而言却并不理想，上文孔庆勤的实证研究已提供了佐证。从2012年3月3日开始，一组以"传承·绽放·绘中国"为主题的系列片《文化中国》在美国纽约时代广场播出，包括《哈辉新雅乐》《中国旅游》《中国书法》《中华砚》《汉字》等，其主要内容是通过音乐、文字、书法、京剧、风物等最具中国特色的符号全方位展示中国作为文化之邦的风貌，与之前的宣传片相比，此次播出收到了良好的播出效果，甚至在当年8月应需求重播《中华砚》。与此前相比，这次系列短片有一个鲜明的主题："文化中国"，以文化为主要内容形塑中国形象。就这一系列形象片的播出效果而言，文化应该成为国家形象片在具体内容表达时的优先考量。

　　首先，在政治、经济、科技、文化等社会范畴中，文化不仅最能契合"仪式观"的传播理念，而且也是作为形而上之道的中华民族核心价值最有力的表征载体。传播的"仪式观"意在营造一种参与、共享、沟通的仪式感，而在以此为理念展开的国家形象传播中，它的传播内容要求具有跨域国家、制度、族群等的开放性和包容性，在上述社会范畴中，文化作为润物细无声的交流内容和软性方式无疑是最恰当的。中国传统文化从早期就存在文与道的关系之论，无论早期的诗言志、歌咏言，还是唐代的文以明道、明代理学文以载道的文道观，以诗文为代表的广义文化与其包含的道有着表里相依的密切关系，中国的价值理念正是存在于文化制度、事件、活动及产品等具体的文化形态里，它们为核心价值提供了丰富的表现形态与践行途径。其次，台湾学者蔡仁厚说："中

---

　　① Michael Barr. Nation Branding as Nation Building: China's Image Campaign[J]. East Asia, 2012, 29(1): 82-94.

国民族以文化的力量配合政治的运用,开创了一个天下。"① 文化对于古今中国的意义是毋庸置疑的,正是中国文化独一无二的丰富性、复杂性和延续性确立了中国在世界文明中的位置。而在当代国际间的对话与竞争中,除了经济、军事等硬实力外,文化是更具长远效应的化成性力量,是保持自身具备国际吸引力的重要来源,也正是约瑟夫·奈(Joseph Nye)提出的国家"软实力"的构成要素之一。② 再次,据《中国国家形象全球调查报告 2013》显示,与政治、科技、经济等范畴相比,中国文化具有较大的国际吸引力,它是海外民众最为熟悉的领域之一,61%的海外民众乐于了解中国文化。③ 而最新的《中国国家形象全球调查报告 2014》结果也显示,海外民众最期望通过中国媒体来了解的信息之一就是传统文化。④ 另外大规模的实证研究也发现,海外意见领袖对中国国家形象构成维度的期待中,文化范畴以 77.8%的显著优势居第一位,"文化中国"应该替代近 30 年来的"经济中国"作为国家形象战略的目标导向。⑤ 因此,文化范畴应该成为国家形象片优先表达的内容,它不仅是建构和展示中国自身软实力的重要部分,也符合国际社会对多元文化的倡导和海外民众对认知中国的期待。

  如果确定文化在国家形象建构中的优先权,那么随之而来的问题是,如何具体表现中国文化?《文化中国》系列片的主要内容是展示中国传统文化的丰富面相,包括以诗歌、音乐、书法、绘画等代表的人文艺术,水墨山水和传奇故事包含的浪漫写意,工艺器物代表的审美态度等,这些彰显了传统中国丰富的文化典藏和深厚的历史积淀,倾向于形塑中国形象中的传统文化内涵。此后,由新华社承担的国家形象纪录片《中国名片》的第一部《上海》,于 2011 年 8 月在纽约时报广场播出,全片再现了上海代表性的地点场景和生活方式,从上海的弄堂到摩天大厦,从休闲娱乐到商业艺术,短片在新、老上海的时空纵深与

---

① 蔡仁厚.儒家思想的现代意义[M].台北:文津出版社,1999:79.
② Nye,J. S. Soft power[J]. Foreign policy,1990,80(80):153-171.
③ Millward Brown. 中国国家形象全球调查报告 2013[EB/OL]. [2014-03-26]. http://www.millwardbrown.com/Libraries/China_Brandnews_Documents/中国国家形象全球调查报告 2013 最终版—20140224.sflb.ashx.
④ 中国外文局,等.中国国家形象全球调查报告 2014[EB/OL]. [2015-05-13]. http://www.cssn.cn/zt/zt_xkzt/zt_zzxzt/zzxzt_zzcb/cbsj/201505/t20150513_1793625.shtml.
⑤ 冯惠玲,胡百精.京奥运会与文化中国国家形象构建[J].中国人民大学学报,2008,22(4):16-25.

并置中,充分展现了历史感与现代性、本土性与国际化交织在一起的海派都市文化;继《上海》之后,《杭州》于2012年10月在纽约时报广场播出,该片则以更加写意的镜头表现了杭州所代表的江浙文化与风土民情的古今变迁,其中饱含着这座历史名城的文化气质与人文风貌。《中国名片》的整体特点在于,城市形象是通过独特的城市文化来体现的,而城市文化则又见于多彩的生活场景和人物瞬间里,令人感受到现代都市热络的生活内容与人物鼻息。因此,与《文化中国》相比,《中国名片》着重通过都市文化来表现当代中国的形象,而其表达的内容则落在了现代都市的日常场景,定格于都市人的生活瞬间,因为这些日常生活内容最能从直观可感的层面体现中国文化的存在状态。综合两者,在表现中国文化的维度上,传统与现代都是不可或缺的,这意味着中国形象理应包含传统中国与现代中国两种内涵,两者是一个前后传承、在传统中更新的一体之两面,正如学者何辉对国家形象所做的定位分析:"继续保持博大精深、富有魅力的文化形象,同时树立现代与传统和谐融合的文化形象。"[1]

进而言之,由于立足于国际社会的是一个不断发展的现代中国,同时避免历史中的古老中国这一刻板印象,因此在中国文化形象的两重含义中,现代中国及其文化应成为表现的重点内容,而这当中又重在表现中国人日常的生活内容、方式及态度,因为归根到底,中华民族的古今价值观正是孕育并扎根于人们的日常生活中。安东尼·吉登斯(Anthony Giddens)认为,在高度现代性的社会中,"生活政治"已经超越了"解放政治",成为当前社会主要的政治问题。[2] 而"生活政治"积淀并最终落脚为具体的日常生活,其所具有的政治功能之一即是通过展示本民族的日常生活内容、方式、态度来传播民族国家的文化与形象。此外,这种文化的日常生活取向与海外民众对认知中国的心理期待也趋于一致:他们对中国普通民众的生活抱有浓厚的兴趣,这与他们对中国的风景名胜、传统文化和历史的兴趣不相上下,而且远高于他们对中国"经济发展状况"和"政治体制"的兴趣。[3] 这从根本上是因为,欧美多数国家是以个人主义作为其思想文化的基础,普遍的个人构成整个社会结构及其伦理价值的根基,像《人物篇》那样"用尊贵显赫的社会精英诠释中国形象,对奉行平民

---

[1] 何辉.中国国家形象定位分析[J].现代传播,2006(2):113-117.
[2] 吉登斯.失控的世界[M].周红云,译.南昌:江西人民出版社,2001:115.
[3] 察哈尔学会.中国国家形象调查报告 2012[EB/OL].[2014-03-26].http://www.charhar.org.cn/uploads/file/20130923/20130923155355_5468.pdf.

主义的欧美民众而言是很难接受的"①。因此,"加强对普通中国人的形象进行定位"②,并聚焦于他们的日常生活,应成为中国国家形象片在内容表现上的重点思路。

五、结语

中国国家形象片是中国面对国际舞台讲述中国的故事。当代中国正在经历和平式的大国崛起,伴随而来的是中国在国际社会上影响力的扩大和对国际事务的广泛参与,因此有必要对外讲述中国的故事;与此同时,当代世界倡导的是多极发展与和谐并存,这决定了中国故事需要用国际民众能够接受的方式和内容来讲述,即"中国故事,国际表达"。这一方面意味着对原有讲述方法的反思,即本文认为的,从传播的"传递观"转换为"仪式观"不失为一种讲述中国故事的方法,后者参与共享的开放性特征如同格雷姆·特纳所说:"叙事可以说是一种'理解'我们的社会,并与他人分享这种'理解'的方式。"③从而避免由传统宣传带来的中心化倾向,弱化由单向传播带来的文化误读。另一方面,对中国故事本身做恰当的选择与剪裁,包括作为故事里子的核心价值,和作为故事内容的生活文化,如此在理念、价值、文化三者的恰当结合中,"准确而清晰地讲好一个让人一听就懂、过耳难忘的'中国故事'"④。

---

① 葛传红.《中国国家形象片—人物篇》效果惹争议——"急功近利不要指望好效果"[N].时代周报,2011-11-24.
② 何辉.中国国家形象定位分析[J].现代传播,2006(2):113-117.
③ 格雷姆·特纳.电影作为社会实践[M].高红岩,译.北京:北京大学出版社,2010:95.
④ 史安斌.内容、信道和受众的竞争——从中国国家形象片看挑战与前景[J].对外传播,2011(9):38-39.

后 记

本书所收录的各篇文章,大体上都围绕表征 20 世纪后半叶之中国现代性的媒介形态及其内容展开论述,包括传统的报纸、电视话语,代表视觉文化的摄影,以及新媒体背景下的微博叙事等,这些媒介话语实际上正是新中国在国家历史层面上的现代叙事与时代表征,属于多元化的现代中国国家叙事,并从中表征出不同历史阶段的中国形象。遵循这一基本观点和思路,各篇文章通过考察这些多样性的媒介话语,去思考新中国以来现代性探索的方向与路径,以及在这条现代性道路上的各种曲折、矛盾和成就。

在此,要对厦门大学出版社的刘璐、王鹭鹏两位编辑表示由衷感谢之意,尤其是刘璐女士对稿件做了悉心的校对和编辑,没有他们二位的鼎力支持,此书无法及时顺利出版,故特此表示谢意。

最后需要说明的是,收入这本文集的文章,有几篇此前已经在国内的学术刊物上发表,我特此感谢这些刊物的诸位编辑们。而此次收录结集时,随着时过境迁,本人对一些问题的看法也发生了某些改变,故而对这些文章做了不同程度的修改,在这过程中也得到了学界和周围一些朋友的支持与帮助,在此一并谢过。而在这些文章涉及的知识范围和学术领域内,由于本人的学力有限,积淀尚浅,因此文章在观点表达和论证过程中难免有偏颇浅陋之处,这些由我自己负责,同时也希望得到读者和大方之家的批评指正。

史冬冬
2017 年 8 月 1 日于厦门大学南光二